30 mins
课后半小时

中国中小学生
人文·社会·科学

通识教育课

我们的大社会

社会·职业

李阳　肖双丹◎编著

山东教育出版社
·济南·

图书在版编目（CIP）数据

我们的大社会 / 李阳，肖双丹编著 . -- 济南：山
东教育出版社，2024.11. （2025.2 重印） -- （中国中小
学生通识教育课）. -- ISBN 978-7-5701-3337-6

Ⅰ. C913.2-49

中国国家版本馆 CIP 数据核字第 2024V6F913 号

WOMEN DE DA SHEHUI

我们的大社会

李阳　　肖双丹 / 编著

主管单位：山东出版传媒股份有限公司

出版发行：山东教育出版社

地址：济南市市中区二环南路 2066 号 4 区 1 号　　邮编：250003

电话：（0531）82092660　　网址：www.sjs.com.cn

印　　刷：济南新先锋彩印有限公司

版　　次：2024 年 11 月 第 1 版

印　　次：2025 年 2 月 第 2 次印刷

开　　本：787 毫米 × 1092 毫米　1/16

印　　张：6

字　　数：123 千字

定　　价：49.00 元

（如印装质量有问题，请与印刷厂联系调换）印厂电话：0531-88618298

序言

    新课程改革给教育带来了极大的变化，其中最大的变化就是强调培养德智体美劳全面发展的人。过去，我们的学校教育偏重应试教育，导致素质教育不能得到真正落实。为了改变这一局面，新课标增加了通识教育的内容。

    通识教育是教育的一种，它的目标是在现代多元化的社会中，为受教育者提供跨越不同群体的通用知识和价值观。随着人类对世界的认识日益深入，知识分类也变得越来越细。人们曾以为掌握了专业的知识，就能将这一专业的事情做好。后来才发现，光有专业知识并不一定能在相关领域有所创造。一个人的创造力必须是全面发展的结果。我国古代的思想家很早就认识到通识教育的重要性。古人认为，做学问应"博学之，审问之，慎思之，明辨之，笃行之"，并且认为如果博学多识，就有可能达到融会贯通、出神入化的境界。如今，开展通识教育已经成为全世界教育工作者的共识。通识教育让我们的学校真正成为育人的园地，培养德智体美劳全面发展的人。

    家长们也许要问，什么样的知识才具有通识意义？这正是通识教育关注的焦点问题。当今世界风云变幻，知识也在不断更新，这就需要更多的专业人员站在

人类文明持续发展的高度，从有益于开发心智的角度出发，在浩瀚的知识海洋中认真筛选，为学生们编写出合适的书籍。

目前，市面上适合中小学生阅读的通识教育类的书籍并不多见，而这套《中国中小学生通识教育课》则为学生们提供了一个很好的选择。该系列涵盖人文、社会、科学三大领域，内容广泛，涉及哲学、历史、文学、艺术、传统文化、文物考古、社会学、职业规划、生活常识、财商教育、地理知识、航空航天、动植物学、物理学、化学、科技以及生命科学等多个方面。编写者巧妙地将丰富的知识点提炼为充满吸引力的问题，又以通俗有趣的语言加以解答。我相信，这套丛书会受到中小学生们的喜爱，或许会成为他们书包中的常客，或是枕边的良伴。

贺绍俊
文学评论家

目录 CONTENTS

我们的大社会

当你置身于社会这个大舞台时，你是否会感到迷茫？是否会对未来的方向感到不确定？是否渴望找到属于自己的位置……接下来的内容，将会引领你深入认识社会的多元面貌，探索职业世界的丰富多样与无限可能，让你以包容的心态去拥抱这个多元且美好的世界。

什么是社会？

社会是怎么形成的？

在武侠小说里，大侠们常说："有人的地方，就有江湖。"而在现实世界里，我们可以这样说："有人的地方，就有社会。"

在远古时期，人类的祖先过着原始的群居生活，他们共同采集和捕猎、分享食物、抵御危险。之后，随着文明的发展和社会的进步，在人与人、人与自然之间的互动中，不同的社会形态相继出现，比如奴隶社会、封建社会等。

"社会"是人类的专属词语吗？

"社会"作为一个高频词汇，我们在很多场合都能见到或听到。人类作为地球上最具智慧的物种，拥有丰富多样的活动，因此，"社会"一词大多和人类活动相关，比如说农业社会、法治社会等。我们每个人都生活在社会中，与社会的关系十分密切。实际上，不仅人类有社会，许多动物群体也具有它们自己独特的"动物社会"。

社会是如何发展成现在这样的？

人类社会经过了漫长而复杂的发展历程。从生产力发展的角度看，人类社会可以大致划分为原始社会、农业社会、工业社会和信息社会。最初，人类社会的发展高度依赖于自然环境。后来，人类学会了农耕技术，开始了定居生活。随着机器的发明和使用，人类的生产力得到了极大提升。如今，我们正身处信息社会，现代科技正引领人类社会迈向更便捷、更高效的未来。

虚拟社会是社会吗？

在现代生活中，网络已经成为我们日常生活中不可或缺的一部分。在网络上，我们构建了一个全新的虚拟社会。在这个社会里，我们可以拥有不一样的名字，体验不一样的生活，结识来自四面八方的网友，借助网络平台进行交流和分享。在某些方面，这个丰富多彩的虚拟社会与现实社会相比，同样具有其独特的魅力和价值。

💡 你知道吗？

社会学，是一门从社会整体的角度研究人与人之间相互关系及其发展规律的社会科学。它的研究对象很广泛。通过对社会学的研究，我们可以更好地理解社会现实的本质和规律，从而促进社会变得更加和谐、稳定和繁荣。

人类是怎样传播消息的？

你是怎样传播消息的？

靠脑电波！

人类为什么会发明语言？

人类通过语言可以传递信息、交流意见，拉近人与人之间的距离。在远古时期，原始人过着集体生活，他们要一起打鱼、狩猎和采集食物。为了让同伴明白自己的想法，原始人会发出不同的声音，起初这些声音可能和其他动物的声音相似。但随着人类的进化，这些原本没有具体含义的叫声逐渐演变成了复杂的语言系统，这也标志着人类与其他动物走上了两条截然不同的进化道路。

wu la wu la wu la……

你约我晚上去跳舞？

我要找寻家的方向……

"飞鸽传书"是真的吗？

在武侠小说中，信鸽可是江湖大侠们少不了的好伙伴。然而古人真能通过信鸽传递书信吗？答案是肯定的。但这种通信方法并没你想象中的那么神奇。并且，不仅在中国，古埃及人在几千年前也用信鸽传递书信。这是因为信鸽作为一种会归巢的动物，在经过专门的训练后，可以快速而准确地飞回自己的家。不过，它们无法将书信送达家以外的其他地方。

古代边防真用狼烟报警吗?

在古代,当遇到敌人来犯时,值守的士兵需要尽快报告敌情。相传,这个时候士兵就会燃烧狼的粪便,因为升起的烟又直又高,即使被风吹也不容易分散。不过,因为狼的粪便不容易收集,所以古时军队用来示警、传递军情的"主力"还是各种易冒浓烟的柴草。

为什么文字这么重要?

在上古时期,人类就已经学会了通过符号来记忆和传递信息。当文字出现后,古人便利用龟甲、泥板、竹简等媒介,将一些信息记录下来并传给后世。后来,随着造纸术和印刷术的发明,越来越多的人开始识字、使用文字。如今,文字已经成为人类信息传播的主要载体之一。文字对于文化传承、知识积累和社会交流具有不可替代的作用。

结绳记事　　在甲骨上刻字　　泥板刻字　　在竹简上写字　　用纸张写字　　用电脑打字

消息传播的速度越来越快

电子设备的发明使得人类能够瞬时将声音、文字和图像传播到世界各地。从电报、电话,到广播、电视,再到互联网,现代人类足不出户,只用一眨眼的工夫,就能把消息传到很远的地方。这种速度的提升不仅改变了人类的生活方式,也深刻地影响了社会的发展和进步。

什么是"网红"？

我们祖祖辈辈织网，也没有一个"网红"！

你在干什么？

我要当网红！

我们太低调了，听说得会"晒"自己才行！

获得大量关注就是"网红"？

"网红"是"网络红人"的简称，就像蜘蛛离不开网一样，这些人也离不开网——互联网。社交媒体的出现，让一些普通人也有机会成为人群中的焦点。当一个人在网络世界获得大量关注时，人们就会称他为"网红"。不过，想要通过网络获取和维系声名，可不是一件容易的事呢。

"网红"因什么而红？

在现实生活之外，人类在互联网上建立起了一个庞大的虚拟社会，我们每个人都可以在这里展示自己的知识、才艺、生活方式，以及阐述自己的观点等，以获得他人的关注。借助发达的网络，也许一段视频，或者一张照片，就能让一些普通人在瞬间成为"红人"，受到网民的追捧。

她就是"网红"包子西施吗？

是啊，听说她还救助了很多流浪儿童！

人美，心更美啊！

"网红"能红多久？

　　美国知名艺术家安迪·沃霍尔曾在 20 世纪 70 年代预言："在未来，每个人都有 15 分钟的成名机会。"今天层出不穷的"网红"现象似乎印证了安迪·沃霍尔当年的预言。虽然有些"网红"能够维持很长时间的超高人气，但大多数"网红"会像流星一样，很快消失在人们的视线中。这是因为网络上的信息太多，人们的注意力很容易被不断地分散和转移。你还记得去年最火的"网红"是谁吗？

给你点赞！

你理智点！

理性看待"网红"

　　"网红"现象在一定程度上确实影响了人们的生活方式和消费习惯。然而，对于"网红"的追捧并不能代替真实生活中的价值追求，我们应该理性看待"网红"，要有自己的判断力，不要被表面的现象所迷惑，更不要盲目模仿或追随。

网红店

💡 你知道吗？

　　"网红"不单单指的是人哦，现在有越来越多的事物也可以用"网红"来称呼，比如"网红店""网红食物""网红景点"等，甚至很多人开始从事一种新兴职业，那就是帮助普通人成为"网红"。

车辆行驶靠左还是靠右，是谁规定的？

国外很多国家都是靠左行驶啦！

咋这么怪呢？

哪些国家的车辆靠左行？哪些国家的车辆靠右行？

车辆靠左行还是靠右行，并不是国家一开始就明确规定的，而是经历了漫长的历史演变，才逐渐形成了今日的规范。目前世界上规定车辆靠右行的国家占多数，比如中国、美国、俄罗斯、德国、法国、巴西、希腊、墨西哥等；同样也有很多国家规定车辆靠左行，比如英国、日本、印度、巴基斯坦、泰国、澳大利亚、马来西亚、新加坡等。

为什么古时候的欧洲国家会选择靠左行？

在汽车出现以前，生活在欧洲的人们要想去很远的地方，就得骑马或者坐马车。因为大多数人骑马的时候习惯先用左脚踩马镫（dèng），再抬起右腿跨上马背。显而易见，这时候靠左行要比靠右行更安全。此外，过去的贵族男子出门时常常会在腰部左边佩剑，靠左行可以避免双方碰撞而产生不必要的冲突，也方便他们用右手进行其他活动。

法国为什么把靠左行改为靠右行？

在法国，靠左行曾一度被视为贵族的特权。然而，随着法国大革命的爆发，普通民众为了表示对封建贵族的反抗，就把街道改为右侧通行。尤其在赫赫有名的拿破仑上台后，随着法国版图的不断扩大，他把右行规则推行到了欧洲更多的地方，并延续至今。

中国为什么选择靠右行？

在近代，由于战争频繁，中国的交通规则曾经在一段时间内非常混乱，有的地区靠右行，有的地区靠左行。抗战胜利后，由于交通规则混乱导致事故频发，同时国内存在大量按右行规则生产的美国汽车，而改装汽车的费用非常昂贵，因此国家规定人车统一靠右行。这一规定一直延续到今天。

💡 你知道吗？

当美国还是英国的殖民地时，也曾和英国一样实行左行规则。直到独立战争胜利后，美国将靠左行改为了靠右行。后来，随着美国的影响力变得越来越大，汽车工业发展得越来越好，很多国家也追随美国改为了靠右行。

为什么鸽子和橄榄枝是和平的象征？

我们热爱和平。

你听过鸽子和橄榄枝的故事吗？

在西方流传着这样一个传说：在上古时代，世界被一场大洪水所淹没，一个叫诺亚的人听从神的指引，建造了一艘巨大的方舟，拯救了自己的家人和各种动物。之后，为了探查洪水的情况，诺亚在船上放出了一只鸽子，而鸽子后来衔回了一条橄榄枝，证实洪水已经退去。于是，后世的人们便将鸽子与橄榄枝当成和平与希望的象征。

联合国的徽章上也有橄榄枝吗？

第二次世界大战结束后，在 1945 年 10 月，为了维护国际和平与安全，一个由中、美、英、苏等国共同发起的国际组织——联合国成立了。在联合国的徽章上，中心是一幅世界地图，下方则是两条交叉的橄榄枝，象征着世界各国的团结与和平。

世界名画《和平鸽》是怎么来的？

1950 年，为了纪念在华沙召开的第一届世界保卫和平大会，西班牙著名画家毕加索挥笔画就了一只衔着橄榄枝飞翔的白鸽。当时，智利诗人聂鲁达将画中的这只鸽子称为"和平鸽"。于是，鸽子从此正式成为世界公认的和平象征。

《和平鸽》［西班牙］毕加索

橄榄树还有什么寓意？

在古希腊神话中，智慧女神雅典娜和海神波塞冬为了争夺一座城市的命名权而展开了一场比赛，他们约定各自送给当地百姓一件礼物，谁的礼物更受欢迎，谁就获得胜利。于是，波塞冬赐给当地百姓一匹战马，而雅典娜赐给当地百姓世界上第一棵橄榄树。最终，雅典娜赢得了比赛，成了雅典城邦的保护神。

很早以前，古希腊人就将橄榄枝编成花环，奖励给在体育比赛中取得胜利的人。他们将橄榄树视为胜利、荣誉、财富、美德的象征，这在他们的很多艺术作品里都有体现。

我的女神！

💡 你知道吗？

1950 年 8 月，中国发行了纪念邮票《保卫世界和平（第一组）》，邮票上的图案采用的是毕加索为第一届世界保卫和平大会画的《和平鸽》。这不仅是外国画家的作品首次出现在中国邮票上，也体现了中国对和平事业的深切关注与坚定支持。

现代人类要面对哪些**危机**？

温室效应会给人类造成大麻烦吗？

有大量证据证明，人类赖以生存的大气层中二氧化碳的含量正在不断增加。虽然二氧化碳也是人类生存所不可或缺的物质，但过多的二氧化碳会导致温室效应。那么，什么是温室效应呢？温室效应指的是大气中的温室气体通过对长波辐射的吸收阻止地表热能耗散，从而导致地表温度增高的现象。温度升高可不是个小问题哦，它可能会引发一系列连锁反应，给人类生存造成很大的麻烦。

二氧化碳　臭氧　甲烷　二氧化氮

人类赖以生存的能源会枯竭吗？

地球不仅孕育了人类，还一直在"喂养"着人类。在地球的"大肚子"里储藏着各种矿石能源，比如让汽车跑起来的石油、为人们供暖的煤炭、做饭时需要的天然气……不过，这些能源都是不可再生的，这意味人类迟早有一天会把它们用光！你想，如果没有能源可以使用，人类的未来将会变得多艰难呀？因此，很多科学家正在研究怎样更好地利用可再生能源，比如地热能、潮汐能、太阳能、风能……

人类还能承受多少环境污染带来的伤害？

工厂排放的废气污染了空气，导致人类呼吸系统疾病频发；河流被废水染黑，不仅破坏了水生生态系统，还威胁着我们的饮用水安全；垃圾堆积如山，不仅占用土地资源，还通过食物链影响人类健康；塑料垃圾的长期存在更是对地球生态造成了难以逆转的破坏……

人类生活会导致生物多样性丧失吗？

由于人类的种种行为，比如过度开垦、过度放牧、乱砍滥（làn）伐、工业污染等，导致众多生物失去了家园，给其他物种造成了严重的甚至毁灭性的打击。研究表明，自1970年以来，包括哺乳动物、鸟类、两栖动物、爬行动物和鱼类在内的全球物种数量已大幅下降。然而，人类是无法独自在地球上存活的，破坏了大自然的生物多样性，最终也会危及人类自身的生存。

💡 **你知道吗？**

2016年，为了应对全球气候变化威胁，178个国家共同签署（shǔ）了《巴黎协定》。这份协定提出各国应以工业化前全球平均气温为基准线，将全球平均气温升幅控制在2摄氏度以内。

人类为什么需要法律？

路边有头牛，我们牵回家吧！

你这是犯法！

法律是怎样产生的？

随着原始社会的瓦解，人类进入了奴隶制时代，这时最早的法律产生了。人与人生活在一起，大家各有各的想法，自然会产生矛盾。为了能长久而公正地化解这些矛盾，人们就需要制定所有人都必须遵守的行为准则，也就是法律。随着人类社会的发展，这些规则变得越来越多、越来越详细，最终在不同的地方形成了各具特色的法律体系。

法律为什么而存在？

法律并不是万能的，但没有法律却是万万不能的。法律是由立法机关或国家机关制定，国家政权保证执行的行为规范的总和，包括宪法、基本法律、普通法律、行政法规和地方性法规等规范性文件。我们日常生活中的方方面面几乎都与法律息息相关。例如，汽车在遇到红灯时要停下来，因为司机必须遵守交通法规；在我国，任何人都不能随意砍伐、买卖或破坏森林，因为国家制定了保护森林的相关法律法规；当你遇到不公平的事情时，你可以拿起法律武器来捍（hàn）卫公平与正义，保护自己的合法权益……我们的社会之所以能够正常运转，离不开法律的存在和保障。

都怪我趴错了窝！

这是我家的鸡下的蛋。

可这是我家的鸡窝！

还是让法律来判决吧！

法律保护人，谁维护法律的权威呢？

法律保护我们的正当权利，对我们的行为也起到了规范的作用，它会告诉我们什么事情可以做，什么事情不可以做。但社会这么大，总是有一些人会违反法律，这时候就需要公安局、法院、检察院等部门，依据法律惩恶扬善、伸张公平正义，维护法律的尊严和权威。

中国法律家族的成员有哪些？

中国的法律家族由众多成员组成，其中包括宪法、民法典、刑法、劳动法、环境保护法、未成年人保护法等。

宪法，是国家的根本大法。它就像国家的指挥官，规定公民的基本权利和义务、国家制度、社会制度和国家机构等重要内容。它在一个国家的全部法律中具有最高的权威和效力，是其他法律的制定和实施的基础依据。

刑法，是规定犯罪、刑事责任和刑罚的法律。它就像是一位严厉的老师，它的存在是为了惩罚犯罪行为，教育人们哪些行为是不能触碰的底线。

民法典，是最系统、最基本、最重要的民事法律文件。它就像是我们生活中的一位温和的朋友，时时刻刻关心着我们的日常生活，保护我们的基本权利。

此外，还有环境保护法、劳动法等法律法规。它们的存在使得社会更和谐稳定，人们能够更好地安居乐业。

你了解宪法吗？

它是国家的根本大法！

你知道吗？

在古希腊神话中，有一位象征着正义与法律的女神，名为忒（tè）弥斯。她的形象通常是蒙着双眼，一手持剑，一手举着天平，寓意是维护公平正义、惩恶扬善。在希腊，人们可以经常见到忒弥斯的雕像，这表明了当地人对法律和公正的敬畏。

她为什么要蒙着眼睛？

代表公正无私啊！

忒弥斯女神像

你了解战争吗？

原因很复杂！

为什么会发生战争？

只有人类才会打仗吗？

自古以来，凡是有生命存在的地方，就会发生冲突。当然，不只是人类，自然界中的猩猩、蚂蚁这些大大小小的动物同样会因为抢占领地、争夺食物等原因爆发"战争"。不过，与它们相比，人类之间发生的战争次数更多、波及范围更广、激烈程度更高，就连发生战争的动机也千奇百怪。

因为一头猪，两个国家差点打起来

1859 年 6 月的一天，居住在圣胡安岛上的美国农民卡特拉发现一头大黑猪又来偷吃自己种的土豆，他一气之下就将这头猪击毙（bì）了。很快，猪的主人格里芬找到卡特拉，要求他赔偿自己的猪。双方争执不下，气不过的格里芬喊来了英国警察，要求逮捕卡特拉。当时，圣胡安岛的归属尚未明确（因为那时加拿大还是英国的殖民地，而圣胡安岛就在加拿大和美国的交界处）。这件事情立刻引起了美国和英国当局的重视，战争一触即发。后来，经过多方调解，才平息了这场荒唐的风波。

你赔我猪！

你赔我的土豆！

是什么引发了第一次世界大战？

西方资本主义国家为了各自的利益一直明争暗斗，矛盾重重。萨拉热窝所在的巴尔干地区更是被誉为欧洲的"火药桶"。1914年6月28日，一名叫普林西普的塞尔维亚青年在萨拉热窝刺杀了前来视察演习的奥匈帝国的皇位继承人斐（fěi）迪南大公及其夫人。此事件成为第一次世界大战的导火索。之后，欧洲列强纷纷以此为借口发动了蓄谋已久的战争，致使33个国家卷入了人类历史上第一次世界性战争。

第二次世界大战有多惨烈？

20世纪30年代，德国、意大利、日本等法西斯国家发动了一场人类历史上规模空前的世界性战争，史称第二次世界大战。这场残酷的战争历时约6年，共有61个国家和地区、20亿以上的人口被卷入战火，致使无数平民流离失所、家破人亡，全球的经济损失达4万多亿美元。

我猜这个大兵也不喜欢战争！

💡 你知道吗？

有些学者认为，体育起源于古代的军事活动，比如我们常见的摔跤、标枪、射箭等。国际奥林匹克委员会在1992年提出恢复"奥林匹克休战"的传统，呼吁各国在举办奥运会和残奥会期间停止军事行动。

可怕的"恐怖主义"

我讨厌恐怖主义！

什么是恐怖主义？

恐怖主义是一种使用极端的暴力行为来达到某种政治目的的策略和意识形态，它通常由恐怖分子实施。为了达到某种目的，恐怖分子会通过暴力、破坏和恐吓等手段，实施一系列引起社会恐慌、危害公共安全、侵犯人身财产权利等的暴力行为，如制造爆炸事件、劫（jié）持飞机或汽车、绑架、暗杀、投放毒气或放射性物质等。恐怖主义由来已久，已经成为一个全球性的问题，严重影响了世界的和平与发展。

为什么会有恐怖主义？

恐怖主义令人深恶痛绝，但它的产生并非无缘无故。恐怖主义往往能加剧各种矛盾，火上浇油，引发不堪设想的严重后果。恐怖主义思想的产生源自政治、宗教、社会、经济等方面的复杂因素。然而，无论其根源何在，恐怖主义的行为都严重违背了人类的基本道德和法律准则，给无辜民众带来了深重的灾难和苦难。

是啊，让无辜的人受到伤害！

恐怖分子太可恶了！

恐怖主义的破坏力有多大？

2001 年 9 月 11 日，19 名恐怖分子劫持了 4 架客机，并分别撞击了美国的经济、军事象征性地标建筑 —— 世界贸易中心双子塔和五角大楼，还有一架客机在宾夕法尼亚州坠毁，导致数千人丧生。这场恐怖袭击后来被命名为"9·11"事件，其破坏力巨大，且造成的损失难以估量。时至今日，当时的惨状仍让人闻之色变。

打击恐怖主义是国际社会的共同责任

恐怖主义是全人类共同面对的威胁，单靠一个国家的力量是很难战胜恐怖主义的。因此，打击恐怖主义是国际社会的共同责任。当下，恐怖主义并未完全消失，恐怖分子仍在世界各地不断实施暴行，破坏国际社会的和平与安宁。世界各国应团结一致，加强合作，共同打击恐怖主义，铲除恐怖主义滋生的土壤，这样才能确保国际社会的安全与稳定。

什么是生物武器？

什么是生物武器？

以前叫细菌武器……

古人曾利用"生物武器"来打仗

虽然"生物武器"是一个现代词语，但在很久以前，世界上就已经有人利用传播瘟(wēn)疫的手段来打击敌人了。在古代，为了削弱敌人的战斗力，一些人会故意把感染了瘟疫的牲畜投入敌人使用的水源中，或者通过诈降将生病的战马送到敌营中，更有甚者在攻不下城池时，会把携带病毒的尸体投入对方的城中，让他们的士兵和百姓一起染病。

下游的敌军，让你们尝尝瘟疫的厉害！

生物武器有什么特别之处？

生物武器，旧称"细菌武器"，是一种由生物战剂装料和施放装置组成的特殊武器。简单来说，生物战剂是指能在动植物身上繁殖并且让动植物生病的微生物。它不仅会伤害人类，也会伤害动物和植物。与常规武器相比，生物武器具有传染性强、危害面积广、危害时间长、不易被发现等特点，会对人类社会造成重大威胁。目前，根据国际法规定，使用生物武器是被禁止的，世界上也没有任何国家宣称拥有生物武器。

感染瘟疫的猪

感染瘟疫的猪

生物武器有多恐怖？

在第二次世界大战期间，日本侵略者使用生物武器对中国军民进行了大规模攻击。时至今日，很多人因为当年的生物武器仍遭受着病痛的折磨。你知道吗？有些生物武器甚至能在短短几天之内把一座拥有百万人口的城市变成"死城"！更恐怖的是，生物武器销毁难度很大，稍有不慎就可能导致全球性的危机。

💡 你知道吗？

《禁止生物武器公约》全称为《禁止发展、生产、储存细菌（生物）及毒素武器和销毁此种武器公约》，于1972年4月分别在华盛顿、伦敦和莫斯科三地签署。截至2021年11月，共有183个国家成为该公约的缔（dì）约国。

有生物武器，快跑！

你听说过失败博物馆吗？

走，带你去逛失败博物馆！

可我只想成功！

最奇特的博物馆

说起博物馆，大家肯定不陌生，但要说什么博物馆最奇特，你会想到哪家呢？2017年，在瑞典的一座沿海小城中出现了一家失败博物馆，它很快就吸引了全世界的目光。这家别具一格的博物馆所收集和展示的是全球多个知名公司的失败产品。

谁会想到创立失败博物馆？

世界是多姿多彩的，博物馆也是各种各样的，但究竟是谁想到要筹（chóu）建一家以失败为主题的博物馆呢？他就是来自瑞典隆德大学的韦斯特博士。韦斯特博士长期研究心理学，他厌倦了人们总喜欢议论成功，却不喜欢承认失败的心理现象，因此他另辟蹊（xī）径，创立了这家与众不同的失败博物馆。

异想天开的"失败品"

失败博物馆创立至今，其收藏的"失败品"仍在不断增加，比如：以生产牙膏而闻名的某公司曾售卖过的速食牛肉面；大名鼎鼎的某饮料公司曾推出过的一款味道独特的咖啡味可乐；某著名摩托车生产公司曾推出过的香水；还有家公司以"健康"为噱（xué）头制造的一款吃了就会拉肚子的薯片……你对这些"失败品"感到好奇吗？

牛肉面

咖啡味可乐

XX香水

会拉肚子的健康薯片

失败博物馆

你听过"失败是成功之母"这句话吧? 2019 年,失败博物馆来到中国上海展出,这次展出被主办方改名为"成功之母博物馆"。其实,成功者的背后总会有许许多多艰辛与失败的经历,就像爱迪生为了发明电灯,反复实验了上千次。爱迪生曾说:"我没有失败,我只是找到了一万种行不通的方法。"我们也应当将失败当作走向成功的必经之路。

你不怕失败吗?

我没有失败,我只是找到了一万种行不通的方法……

23

狗为人类社会作过哪些贡献？

最早被人类驯化的动物

从古至今，人类的生活都与动物息息相关。研究显示，狗是人类最早驯（xùn）化成功的动物之一。大约在一万年以前，它就成了人类忠实的伙伴和助手，帮助人类狩猎和放哨。在当时，人类还没有学会放牧和养殖，需要依靠渔猎和采集才能填饱肚子。与其他动物相比，狗不仅头脑聪明、脾气温顺、体型适中、能为人类提供更多的帮助，还不太挑食，人类的残羹（gēng）剩饭就能满足它们的需求。

好想养只狗狗啊！

先养活自己再说吧！

盲人的"第二双眼睛"

导盲犬是一种经过专门训练的工作犬，它能帮助盲人更安全地出行。一只导盲犬通常要经过两年的专业训练，才能真正开始工作。虽然导盲犬并不能像人一样分辨红绿灯的颜色，但经过专业训练后，它可以根据车流、人流和声音来判断该何时带领主人过马路。

我带你去玩吧！

别打扰我，我正在工作！

报告！这里有情况！

毒贩的"克星"

　　缉（jī）毒犬属于警犬的一种，它们经过严格的训练，能够协助警察完成毒品搜寻工作。然而，并不是所有的狗都能成为缉毒犬，只有身体强壮、嗅觉异常敏锐、智商较高、服从意识强的狗狗才能胜任这么危险的工作。缉毒犬能够在复杂的环境中对不同物品进行排查，并且能快速而准确地找到毒品的踪迹。

灾难救援中的无言英雄

　　每当灾难来临时，我们总能看到搜救犬矫捷的身影，它们是救援人员最忠诚的伙伴，也是最得力的助手。狗有着灵敏的嗅觉、发达的听觉、丰富的情感，能在微弱的光线下看到物体，因此非常适合在各种极端环境中搜寻幸存者。不过，即使是正在服役的搜救犬，它们每年仍需要通过考核后才有资格参与救援任务。

💡 **你知道吗？**

　　警犬可以帮助警察完成追踪、鉴别、搜捕、搜毒、搜爆等工作。为了更好地执行任务，它们从两个月大的时候起，就要开始配合训导员进行各种训练。因为警犬的工作很累、很危险，所以它们也会衰老得很快。尽管如此，这些勇敢的狗狗仍然无怨无悔地为我们人类服务，它们值得我们敬佩和感激。

报告！
下面还有生命……

为什么要举办奥林匹克运动会？

更快、更高、更强、更团结！

什么是奥林匹克运动会？

奥林匹克运动会，简称奥运会，它因起源于古希腊的奥林匹亚而得名。奥运会是现在世界上规模最大、参与人数最多的综合性体育盛会，按举办时间可分为夏季奥运会和冬季奥运会，两者都是每四年举办一次。

奥运会以五个互相连接的彩色圆环为标志（从左到右依次为蓝、黄、黑、绿、红），这个标志象征着五大洲（欧洲、亚洲、非洲、大洋洲和美洲）的人民团结在一起，全世界的运动员们都能公平、友好、坦诚地展开体育竞赛。

现代奥运会和古代奥运会有什么关系？

相传，在大约 3000 年前，古希腊人为了祭祀（sì）众神之王宙斯而定期举行体育盛会。然而，首次有明确记载的古代奥运会发生于公元前 776 年，当时各个城邦的运动员都能以参赛为荣。1896 年，在"现代奥林匹克之父"顾拜旦的积极倡议下，首届现代奥运会在希腊雅典拉开帷（wéi）幕。

知识加油站

奥运会每四年举办一次，但遇到特殊情况无法如期举行时，届数仍然按照既定的顺序计算。然而，在两次世界大战期间，奥运会曾三次中断——分别是在 1916 年、1940 年和 1944 年。

奥运会开幕式上为什么要火炬接力？

奥林匹克火炬接力，也称为"圣火接力"，自 1936 年第 11 届柏林奥运会起便成为奥运会开幕式上的传统仪式。火炬象征着光明、团结和友谊。在奥运会开幕之前，主办方会从奥运会的发源地——希腊奥林匹亚的赫拉神庙前点燃火炬，并通过接力传递的形式，将奥运圣火传递到举办地点。接力队员由事先安排在沿途的运动员组成，他们将火炬传递到主会场，代表着仪式的正式开始。

奥运会口号是怎么来的？

奥林匹克运动会的口号是"更快、更高、更强"，这是对运动员们的激励和鞭策。这个口号源于顾拜旦好友亨利·马丁·迪东创办的体育学校的校训。1913年，经顾拜旦建议并得到国际奥委会批准，成为奥运会的唯一正式格言。这个口号鼓励运动员力争跑得更快、跳得更高、追求更强，倡导努力拼搏、超越自我的精神。2021年，国际奥委会将"更团结"加入奥林匹克格言中，以强调全球团结与合作的重要性。

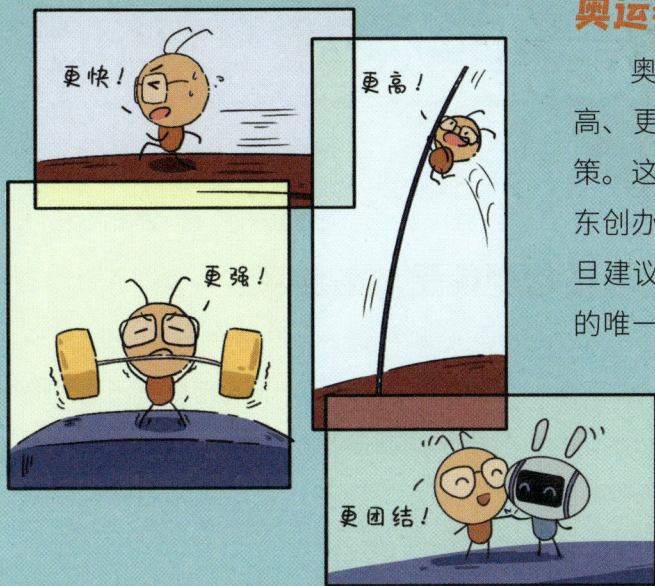

为什么各个国家都争着举办奥运会？

现代奥运会的影响力遍及政治、经济、社会、文化、艺术等多个领域。各个国家都以能够举办奥运会为荣。举办奥运会既能提升主办国的国际影响力，让更多的人了解和喜欢上这个国家，同时还能促进国家间的交流与合作，给主办国带来可观的经济收入。

💡 你知道吗？

中国国家体育场鸟巢是2008年北京奥运会的主体育场，它的外形如同一个巨大的鸟巢，是世界上最大的钢结构体育场之一。它曾举办过奥运会开幕式、闭幕式，以及许多重要的国际赛事，现在已成为北京的地标性建筑之一。

马拉松赛跑是怎么诞生的?

能坚持下来就算你赢!

下一个"马拉松之王"即将诞生!

马拉松战役是怎么回事?

公元前 490 年，强大的波斯帝国派出大军入侵古希腊。面对大军压境，以雅典和斯巴达为首的古希腊城邦组成联军，一同抗击波斯侵略者。这场战争在历史上被称为希波战争。马拉松战役发生在希波战争期间，因双方在马拉松平原上交战而得名。在这次战役中，希腊人与波斯人展开了殊死搏斗，并以希腊联军取得胜利、波斯军队撤退为结果告终。

是谁传递了马拉松战役胜利的消息?

取得马拉松战役的胜利后，主帅想要将这个振奋人心的消息赶紧传回雅典，于是派遣一名叫斐迪庇第斯的战士回城报信。为了与家乡人民尽快分享战争胜利的喜悦，他一口气从马拉松平原跑回了雅典。结果，在宣布完消息后，他也因力气用尽而死去。

我们胜利了……

现代马拉松赛跑是怎么来的？

1896 年，被誉为"现代奥林匹克之父"的顾拜旦在筹备第一届现代奥林匹克运动会时，得知了马拉松战役和斐迪庇第斯报信的故事。为了纪念这位长跑英雄，他采纳了将一个长跑比赛项目命名为"马拉松"的提议。

为什么是"42.195 千米"？

由于斐迪庇第斯从马拉松平原跑回雅典所经过的路程为 42.195 千米，所以第一届现代奥运会设立的全程 42.195 千米的长跑比赛项目，被顾拜旦定名为"马拉松赛跑"，并沿用至今。现在，马拉松赛跑通常在公路上进行，起点和终点则设在田径场内，而赛道沿线会设置多个补给（jǐ）点，为运动员提供饮用水和能补充能量的食物。

💡 **你知道吗？**

2019 年 10 月 12 日，来自肯尼亚的基普乔格成为历史上首位在 2 小时内跑完全程马拉松的男子运动员。

对！这个长跑比赛以后就叫"马拉松赛跑"吧！

为什么运动员禁用兴奋剂？

运动员禁止服用兴奋剂。

是呀，服用兴奋剂的危害太大了！

你了解兴奋剂的历史吗？

古代奥运会就曾出现过运动员为了取得好成绩而吃草药、喝酒的现象。由此可以说，草药和酒大概就是兴奋剂最早的雏（chú）形。后来，随着药物学的发展，很多运动员开始使用药物，比如士的宁、可卡因、咖啡因等，来提高自身的耐力和爆发力。尤其在 20 世纪六七十年代，兴奋剂的滥用成为西方体育界挥之不去的阴霾（mái）。

嚯，酒气不小，你违规了！

为什么要禁止运动员使用兴奋剂？

兴奋剂能在短时间内改变运动员的身体条件和精神状态，从而提高竞技能力。这种行为严重背离了体育精神，使竞赛结果变得不公平、不公正。而且，兴奋剂对人的身体和心理都极其有害，长期使用会导致非常多的后遗症，过去已经有不少运动员都因此付出了惨痛的代价。

国际奥委会是怎样反兴奋剂的？

从 20 世纪 60 年代开始，国际奥委会展开了反兴奋剂工作。1968 年，在第 19 届夏季奥运会上，国际奥委会医学委员会正式宣布了禁用清单。2015 年，《世界反兴奋剂条例》正式增加了将运动员兴奋剂检测样本保存时间延长至 10 年的条款。如果在这个阶段发现样本有问题，运动员将会面临严厉惩罚。到了 2016 年，清单上的禁用物质增加到了 300 多种。即便这样，滥用兴奋剂的问题至今仍然存在。

为什么检测样本要保留 10 年？

为什么检测样本要保存 10 年？这是由于兴奋剂的检测手段往往落后于新型兴奋剂的发展速度。有时，我们需要等待新的、更为成熟的检测方法出现后，才能对原有的样本进行重新检测。此外，长期保存这些样本也可能对违规者产生一种威慑（shè）力，警告他们不要心存侥（jiǎo）幸——即使在奥运会期间没有被检测出来，日后仍有可能被发现。

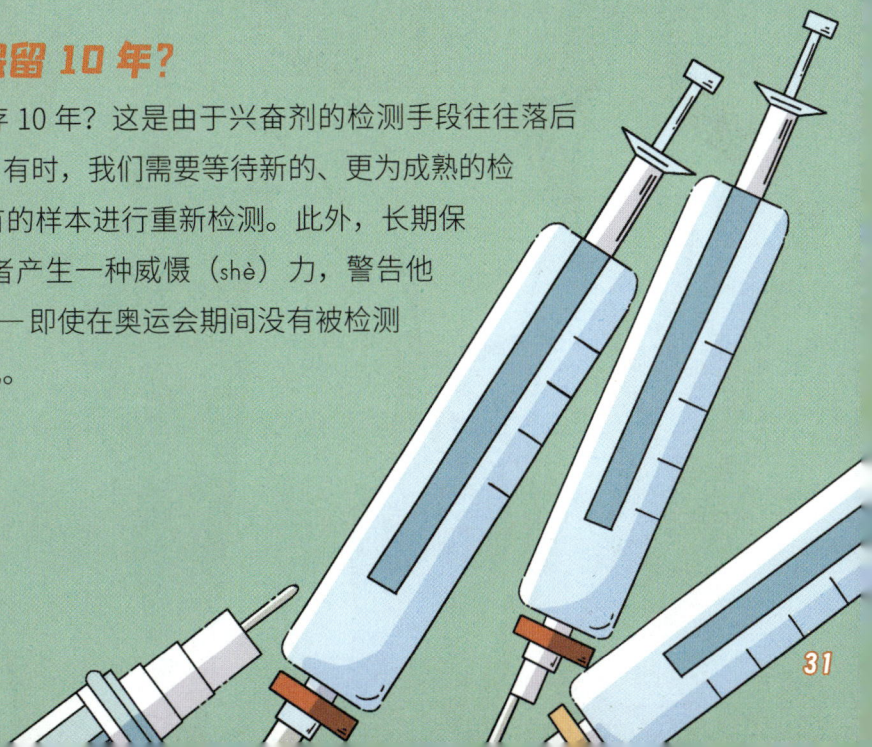

联合国是干什么的？

什么是联合国？

联合国是一个在第二次世界大战后建立的国际组织，目前拥有 193 个会员国。它的宗旨是维护世界和平及安全，发展国际间的友好关系，促进国际合作等。联合国在应对和解决一些全球性问题方面发挥着无可替代的作用。

联合国是怎样成立的？

1945 年，第二次世界大战接近尾声，各国人民都渴望能够早日过上和平稳定的生活。在此背景下，来自中国、苏联、法国、美国、比利时等 50 个国家的代表齐聚美国旧金山，参加了一场为期两个月的国际组织会议。在会议闭幕之际，代表们共同签署了联合国的创始文件——《联合国宪章》。随着 1945 年 10 月 24 日《联合国宪章》的正式生效，一个全新的国际组织——联合国正式成立。

联合国的主要机构有哪些？

联合国大会：是联合国的主要决策机构，由全体会员国组成。

安全理事会：由中、俄、美、英、法 5 个常任理事国和 10 个非常任理事国组成。其中，5 个常任理事国在安理会表决时拥有一票否决权。

联合国秘书处：由秘书长和数万名国际工作人员组成，负责处理联合国的各项日常工作。秘书长是联合国的行政首长。

国际法院：也称"世界法院"，主要负责依据国际法解决国家之间的法律争端，是联合国六大主要机构中唯一设在美国纽约之外的机构。

经济及社会理事会：由 54 个理事国组成。该理事会下还设有世界卫生组织，联合国教育、科学与文化组织，联合国儿童基金会，联合国难民署等多个机构。

托管理事会：主要是对二战后 11 个托管地实施托管制度，已于 1994 年 11 月 1 日停止运作。

联合国为世界做了什么？

人类只有一个地球，各国共处一个世界，每个人的命运都紧密相连。联合国的存在为世界各国提供了一个对话的平台，让各国能够共同探讨如何应对气候变化、环境污染、能源短缺、粮食安全、可持续发展以及军事冲突等全球性问题。当然，联合国能做到的远不止这些，它还会为遭受严重灾害的人们提供帐篷、食物和药物等援助，帮助世界各国保护文化遗产……

💡 你知道吗？

虽然联合国是一个非营利性的国际组织，但是所有会员国每年都要向它缴（jiǎo）纳会费，以维持联合国的正常运转。中国目前是联合国第二大会费分摊国。2023 年，我国缴纳的联合国常规会费约为 4.9 亿美元。

社会福利院
是干什么的？

福利院是干什么的？

是救助弱势群体的机构！

为什么会有社会福利院？

在我们的社会中，有许多老人和孩子需要关爱与帮助。有些老人生病了却无人照料；有些孩子失去了父母，年幼无助，需要关怀……为了更好地救助这些弱势群体，社会福利院应运而生。这类机构会专门收留并照顾生活遇到困难的孤寡老人和孤残儿童，为他们提供衣食、住所及医疗服务等。

儿童福利院是怎样建立的？

在过去，由于战乱、天灾等原因，许多孩子失去了父母、与家人失散或被遗弃。因此，个人、慈善团体或政府纷纷创建了育婴院、育幼院和孤儿院等社会福利机构，以照顾这些孤苦无依、无家可归的孩子。新中国成立后，这些原有的社会福利机构被国家陆续接收并改建为儿童福利院。在这里，这些孩子们的生活得到了更精心的照料。

社会福利院

世界上最早的儿童福利机构

有学者认为，中国宋代的慈幼局是世界上最早的儿童福利机构。早在公元 1247 年，宋朝就在全国各地建立了收养弃婴的机构——慈幼局，并制定了明确的救助程序和领养规定。前来领养弃婴的人家都可以定期收到朝廷资助的钱粮。

福利院里的孩子

在国家和社会的深切关怀与大力支持下，福利院里的孩子们过上了安稳、无忧的生活。看护人员会特别关注那些身体有缺陷或患有严重疾病的孩子们。同时，也有一些孩子因为过去的经历而变得较为脆弱和敏感，他们同样需要更多的爱心人士来关注他们的身心健康。

你能找到身边的应急避难场所吗？

身边最近的避难场所在哪里？

在学校操场……

什么是应急避难场所？

应急避难场所是现代化城市为了应对突发公共事件而修建的公共设施之一，是用于民众躲避火灾、爆炸、洪水、地震等重大突发公共事件的场所。在遇到重大灾难时，应急避难场所可以给人们提供安全避难保障和基本生活保障，如食物、水、药物等。

为什么要有应急避难场所？

我国是一个自然灾害频发的国家。地震、台风、洪涝（lào）、山体滑坡等这些自然灾害波及范围广，对我国造成的损失巨大。调查显示，2022 年全国就有 1.12 亿人次因各种自然灾害受灾，其中死亡、失踪 500 多人。面对突发的各种灾难，包括自然灾害、生产事故、恐怖袭击等，受灾人员都可以前往离他们最近的应急避难场所避险。

快，前面有紧急避难所！

应急避难场所
Emergency Shelter

应急避难场所的种类有哪些？

根据灾难的种类、避难的时长、面积的大小、可容纳的人数、设施设备和物资的数量等条件，我国的避难场所被分为 3 类：紧急避难场所、短期避难场所和长期避难场所。紧急避难场所的避难时长为 1 天以内；短期避难场所的避难时长为 2 天至 14 天；长期避难场所的避难时长为 15 天以上，但不超过 180 天。

怎么找到应急避难场所？

在我国，应急避难场所一般设置在居住区、商业区、办公区等人群集中的地方及其附近，通常步行 5 至 10 分钟即可到达。除了特定的地点，公园、广场、体育场、学校操场等空地也可以作为临时的应急避难场所。生活中，我们需要多多留意身边的应急避难场所标志，它们通常是黑色、绿色和蓝色的。

这些应急标识可一定要记牢：

应急避难场所

应急通信

紧急出口

应急供电

应急棚宿区

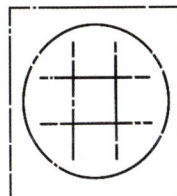
应急水井

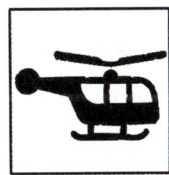
应急停机坪

应急停车场

应急指挥

应急物资供应

应急供水

应急厕所

应急医疗救护

应急灭火器

📖 知识加油站

"蓝、黄、橙、红"预警信号怎么看？生活中，我们时常会看到不同颜色的气象灾害预警信号。根据气象灾害的危害程度、紧急程度以及发展态势，预警信号分四级，分别以蓝色（代表一般）、黄色（代表较严重）、橙色（代表严重）、红色（代表特别严重）表示。

为什么用降半旗、鸣笛表示哀悼？

为什么要用降半旗的方式来志哀？

尽管每个国家都有自己独特的哀悼（dào）习俗，但降半旗已经成为当今世界通用的哀悼方式，尤其是在重要人物去世或遭遇重大灾难时。据传，很久以前，一艘英国船上的船员为了纪念已故的船长，将船上的旗帜降到了离旗杆顶端一段距离的位置。当他们回到英国后，人们对此表示困惑，纷纷询问原因，才知道这是为了悼念船长。从此，这种哀悼方式渐渐从海上传入陆地，大约在 17 世纪下半叶，各国开始广泛采用降半旗的方式来表达深切的悼念之情。

降半旗，是直接把国旗升到旗杆的一半处吗？

下半旗时，应当先将国旗升至杆顶，联合国旗帜下降至一半高度，中国国旗需降至旗顶距杆顶三分之一处。同样地，在降下国旗时，也应先将国旗升至旗杆的顶端，然后再庄重地降下。这样的仪式体现了对国旗的尊重和对逝者的哀悼。

为什么鸣笛可以志哀?

　　关于为何要用鸣笛来表示哀悼,目前还没有一个确切的说法。一些人认为,鸣笛声象征着哀悼逝者的声音,寄托着人们对逝者的深情缅(miǎn)怀。世界上的很多地方都有演奏哀乐的传统,虽然音乐风格各异,但在音乐中寄托的情感却是共通的。

　　每逢国家公祭日,我国都会在南京举行庄严的哀悼仪式。仪式开始时,汽车、火车、船舶等交通工具会齐声鸣笛一分钟。此外,也有人认为鸣笛是在警醒世人,提醒人们时刻铭记历史、珍惜和平。

还有哪些哀悼方式?

　　世界各地有着多种哀悼方式。在我国,常见的方式有举行追悼会、发唁(yàn)电或唁函、送花圈、写挽联等。在某些重大灾难事件发生后,国家也会特别设立哀悼日。比如,为了悼念汶川大地震的遇难同胞,2008年5月19日至21日被定为全国哀悼日。

国际儿童节是怎么来的？

你最喜欢哪个节日？   当然是儿童节啦！

儿童节背后的悲惨历史

国际儿童节，也叫六一儿童节，是专门为孩子们设定的节日。不过，你知道吗，在儿童节的背后，其实隐藏着一段悲伤的历史。在第二次世界大战期间，德国法西斯在捷克的利迪策村进行了残忍的大屠杀，就连婴儿也未能幸免于难。1949 年 11 月，为了悼念在第二次世界大战中死难的儿童，并希望世界各国的儿童都能健康快乐地成长，国际民主妇女联合会在莫斯科举行的理事会议上决定，将每年的 6 月 1 日定为国际儿童节。

有些国家的孩子不过国际儿童节吗？

在 6 月 1 日这一天，如果你到韩国、日本或英国的街头，会发现当地并没有庆祝儿童节的气氛。难道这些国家的孩子都不过儿童节吗？当然不是啦。这是因为世界上的许多国家都设有自己的儿童节，比如英国的儿童节是 7 月 14 日，韩国的儿童节是 5 月 5 日……

有些国家的儿童节不止一个？

地处欧洲的瑞典把儿童节分成"男孩节"与"女孩节"；日本可能是世界上庆祝儿童节次数最多的国家，因为它每年会庆祝 3 次儿童节：3 月 3 日的"女孩节"、5 月 5 日的"男孩节"，还有 11 月 15 日的"七五三节"……

💡 **你知道吗？**

你听说过联合国《儿童权利公约》吗？它是专为保护儿童权益设立的国际法律文件，就像是一个保护儿童的"超级盾牌"。这个公约明确了儿童应享有的基本权利，比如生存权、发展权、受保护权和参与权等，其目的是确保每个孩子都能在一个安全、健康的环境中茁壮成长。

唐人街是怎么来的？

是华人啦！

唐人街里住着唐朝人吗？

"唐人"指的是唐朝人吗？

唐朝时期，中国国力强盛、疆域辽阔、商贸繁荣、文化昌明，吸引了众多国家派遣使者前来学习交流。由于唐朝对世界产生了深远的影响，在海外享有崇高的声誉，因此很多国家至今仍然习惯性地将中国人称为唐人，而在海外生活的华人也以自称唐人为荣。所以现在我们所说的"唐人"并不是指唐朝人哦。

唐人街是一条街吗？

唐人街，有时也被称为"中国城"或者"华埠（bù）"，英文名是Chinatown。当华人离开祖国，到其他国家居住时，他们就要面临全新的环境、陌生的社会和不同的文化，在生活中难免会遇到各种各样的困难。为了相互照顾和支持，他们选择聚集在同一个街区，久而久之，唐人街便应运而生。

美味大饭店

唐人街最早出现在哪里？

据史料记载，唐朝时期，有很多中国人去了日本，并居住在所谓的"大唐街"。现在，有些学者认为，唐人街的前身应该就是"大唐街"。至于"唐人街"一名如何而来，最早可追溯到 19 世纪末，当时数以万计的中国人，尤其是广东人，乘坐轮船到美国旧金山经商，当地人便把他们聚居的地方叫作"唐人街"。

世界上哪些地方有唐人街？

有人说，有华人的地方就有唐人街。据不完全统计，在亚洲、北美洲、欧洲都有唐人街。其中，历史比较长、规模和影响比较大的有：建有孔子广场和林则徐铜像的纽约唐人街、作为好莱坞电影取景地的洛杉矶唐人街、古老而繁华的曼谷唐人街、每年都会举办春节庆典的巴黎唐人街，等等。

唐人街

茶馆

中华料理
煎饼果子

XX咖啡

酒

唐人街里都是我们的华人同胞啊！

是啊，在这里感觉好亲切！

为什么全世界还有很多人吃不饱饭？

你最怕什么？

我最怕挨饿时，肚子会发出"咕咕"叫的声音。

你有过饿肚子的感觉吗？

当我们还是婴儿的时候，感到饥饿就会用哭声来吸引父母的注意，提醒他们该喂我们食物了。吃饭是人类的一种本能需求，而吃饱饭，则是我们生存的基本保障。然而，在当今世界，仍有许多地方的人们因为饥饿和营养不良而死亡。对于他们来说，能吃饱饭都是一种奢（shē）望。

粮食是如何到达餐桌的？

你是否记得"谁知盘中餐，粒粒皆辛苦"的诗句？我们吃的每一粒粮食都离不开农民的辛勤劳作。虽然世界上有很多种农作物，但是甘蔗、玉米、小麦和水稻的产量占全球主要农作物产量的一半。想要把一粒种子变成餐桌上的一碗米饭，中间要经历播种、育苗、插秧、除草、施肥、收割、运输、销售等多个环节——这可不是一件简单的事情啊。

全世界还有多少人吃不饱饭？

根据相关报告，2021 年，全世界有多达 8.28 亿的人正面临饥饿问题，比 2020 年增加了约 4600 万人。虽然在中国，我们大部分人已不再为食物问题担忧，但在世界的其他地方，还有很多人饱受饥饿之苦。我们常说"民以食为天"，没有足够的食物，人们的生命与健康就会受到威胁，社会也会变得动荡不安。

为什么粮食总是不够吃？

实际上，人类现在有能力去生产足够多的粮食，让全世界的人都不必再挨饿。然而，由于粮食分配不均、部分地区战乱冲突、自然灾害频发以及贫困等问题，导致许多人仍然生活在饥饿之中。有些国家不得不依靠购买他国的粮食来维持生存。粮食作为重要的工业原料，每年都会被大量消耗。此外，严重的粮食浪费问题更是加剧了许多国家的饥荒风险。

💡 你知道吗？

每年的 10 月 16 日是世界粮食日。这一天，全世界约有 150 个国家，用 50 多种语言，开展各种各样的粮食安全宣传活动。

太可怜了！

在古代，老师的地位有多高？

当老师的感觉好棒啊！

1 + 1 = 2

古代老师的地位有多高？

你听过"一日为师，终身为父"这句话吗？在古代，尊师重道可是一种非常重要的德行，哪怕是身份高贵的皇帝和太子，也得谦谦有礼地对待自己的老师。据说，唐太宗在位时，太子的老师李纲因患有脚疾行走不便，唐太宗知道后立刻恩准他乘轿进宫讲课，还特意下令让太子亲自去迎接他。

谁是中国历史上最著名的老师？

当然是孔子了！孔子被誉为"万世师表"，相传他有 3000 弟子。春秋时期，他在民间开办了私人学校，不论学生家境贫富、身份贵贱、资质好坏，他都一视同仁地向每个前来求教的人传授知识。他还重视因材施教，比如严格要求性格急躁（zào）、好胜心强的子路，时常鼓励胆小懦（nuò）弱的冉（rǎn）有。

你知道什么是塾师吗？

旧时，有些家庭或老师会自己设立学堂，也就是私塾（shú）。一个私塾通常只有一个老师，他也被称为塾师。私塾没有固定的教材，也没有我们今天的期中考试和期末考试，授课内容全由塾师自己决定。大文豪鲁迅幼时也曾上过私塾，他还在《从百草园到三味书屋》一文中满怀敬意地称赞了自己的塾师寿镜吾先生。

在古代，还有谁可以被称作老师？

"老师"这一称呼由来已久，在历史上它不仅指那些年老辈尊、传授学术的人，在不同的时代还具有其他的含义。比如，在唐朝时期，人们会将僧侣尊称为老师；在五代时期，传授歌舞、武术、木工、戏曲等技艺的人也被叫作老师；到了明清时期，参与科举考试的举人和进士会把其本科主考官称为老师……

萬世师表

古代门客是干什么的？

论我的口才，放在古代就是说客！

我觉得你更适合当"吃客"！

寄居在官僚贵族门下的有才之人

在古代，有一群寄居在官僚（liáo）贵族门下并为之服务的人，被称为门客。但与奴仆不同的是，他们平时没有固定的工作，也不必做杂役，还可以照样领取酬金，只有主人需要时，才会奉命去办事。这些人往往都有一技之长，比如能言善辩、武艺精湛、博闻强记等。简而言之，他们能在关键时刻为主人出谋划策、奔走效劳。

我能革新变法，商鞅都不是我对手！

我的三寸不烂之舌赛过苏秦！

你们别吵吵了，一个一个说！

荆轲看到我都得称大哥！

门客招聘会

这哪是门客招聘会，我看像吹牛大会……

💡 你知道吗？

当然，不是所有门客都会尽心尽力地辅佐自己的主人。例如，战国时期，楚国贵族春申君的门下有一个人叫李园，他为了谋求财富和权力，不惜以卑劣的手段害死了春申君及其家人。

门客是怎么诞生的？

在西周时期，贵族大多豢（huàn）养所谓的"家内奴"，这些人与生产奴隶不同，他们与主人的关系更为密切。

到了春秋时期，"家内奴"逐渐演变为依附贵族的"私徒属"。此时的"私徒属"虽然脱离了奴隶阶层，但对于主人来说仍是奴仆、下属。

到了战国时期，诸侯们为了在复杂而激烈的斗争中取得胜利，开始从社会的各个阶层广纳人才，门客群体逐渐壮大，他们活跃于政治、经济、文化、外交、军事等各个领域。与"私徒属"不同，门客虽然也为官僚贵族服务，但更多的是他们获得财富和地位、实现政治理想的一种方式。

各司其职的先秦门客

先秦时期，在官僚贵族的家中，不同的门客能发挥不同的作用：

著作客，大多有扎实的文字、理论功底以及深邃（suì）高远的见解。他们既能吟诗作赋，又能编撰（zhuàn）典籍、起草法令制度，比如后来为秦国推行新法的商鞅（yāng）。

行刺客，又被称为"带剑之客"或"必死之士"，他们的主要任务是执行暗杀任务，比如为太子丹刺杀秦王嬴（yíng）政的荆轲。

谈说客，是口才出众的门客，需要帮助主人进行谈判和游说（shuì），比如主张连横策略的张仪、主张合纵策略的苏秦等。

能"吃鱼肉、坐马车"的门客地位最高？

在战国时期，齐国贵族孟尝君有门客数千人。根据才能和贡献的大小，他将这些门客分为三个等级：上等门客可以坐马车、吃鱼肉；中等门客只能吃鱼肉，不能坐马车；低等门客既不能吃鱼肉，也不能坐马车。

坐马车、吃鱼肉是我最大的梦想！

上等门客

中等门客

下等门客

站在"生死线"上的工作

我要当战地记者！

你要做好近距离靠近炮火的准备！

离炮火最近的工作

记者就是负责采访新闻、撰写报道的专业人士。记者分为多种类型，比如财经记者、娱乐记者、战地记者、体育记者等。其中，最神秘、最令人敬佩的应该算是战地记者了。他们常常要穿着防弹衣，戴着特制的钢盔（kuī），冒险深入战场，去捕捉那些震撼人心的瞬间，将战争的残酷和真实展现给全世界，留下宝贵的记录。作为 20 世纪最著名的战地摄影记者之一，罗伯特·卡帕曾说过："如果你拍得不够好，那是你离炮火还不够近。"这句话就是战地记者工作的真实写照。

💡 你知道吗？

有学者认为，早在 16 世纪，意大利的威尼斯就出现了类似记者的职业。当时，有人会定时收集各种消息，如战争、船只航期、物价变化等，并将这些消息整理成手抄报出售给商人。在中国的历史中，虽然"记者"一词最早出现在 1899 年的《清议报》第 7 期上，但在唐朝就有了世界上最早的报纸——邸（dǐ）报。一些学者认为，传抄邸报的官吏（lì）可以视作中国最早的"记者"。

当战地记者太危险了！

这是在生死线上工作啊！

战地记者要经受怎样的考验？

安全风险：战地记者身处战火之中，随时可能面临生命威胁。

心理压力：战地记者经常目睹战争的残酷场景，对心理健康产生巨大挑战。

生理挑战：战地环境恶劣，战地记者常面临缺水、缺电、缺食物、缺药物等困境。

信息获取困难：在战地环境中，信息传递受限，但战地记者需要想尽一切办法获取准确的信息，并判断信息的真实性和可靠性。

道德和伦理抉择：既要真实地展示战争的残酷与不公正，又要尊重被报道者的隐私和人权。

是作家，也是战地记者

你或许想不到，赫赫有名的大作家海明威曾是一名杰出的战地记者。在一次采访中，他身受重伤，医生进行了不下 12 次的手术，从他身上取出了 227 块炮弹片和枪弹片，才保住了他的性命。然而，经历了死里逃生的海明威并没有因此退缩，康复后再次回到了战地记者的岗位。

小意思，不值一提！

听说医生从你身上取出 227 块弹片？

联合国秘书长是世界上最大的官吗？

当联合国秘书长太酷了！

你那是没看到背后的辛苦！

联合国秘书长是干什么的？

众所周知，联合国是当今世界上最大的国际组织，拥有 193 个成员国。联合国秘书长是联合国秘书处的长官。由于联合国秘书长是经过一系列规则和程序选出的，因此被视为联合国的代表，承担着维护世界和平与发展的重任。

联合国秘书长好当吗？

如果把联合国比喻为一个庞大的会员群体，那么联合国秘书长就如同这个群体的管理员。面对着 193 个国家的会员，每个国家都有自己独特的观点和立场，语言和文化背景也各不相同，要在这个多元化的群体中达成共识，无疑是一项巨大的挑战。为了胜任联合国秘书长这一职务，候选人不仅需要具备卓越的组织管理能力和维护世界和平的决心，还要拥有出色的语言技巧和外交手腕。

维护世界和平的决心！

精通六国官方语言中的任意一种！

超强的管理组织能力！

联合国秘书长

出色的语言技巧！

具有外交手腕！

联合国六大官方语言是啥呀？

汉语、英语、法语、俄语、西班牙语、阿拉伯语！

联合国秘书长的官有多大？

全世界只有一个联合国，联合国也只有一个秘书长，秘书长是联合国的首席行政长官。听上去，这个职位权力似乎很大，但联合国只是一个组织，不是一个国家，联合国秘书长的职责在《联合国宪章》中有明确的规定。虽然秘书长也可以享受国家元首级的待遇，但他并没有权力对世界各国直接发号施令。

是不是全世界都得听联合国秘书长的指挥？

他没有权力对世界各国直接发号施令！

为什么中国人没担任过联合国秘书长？

从 1945 年联合国成立至今，共有 9 任秘书长，分别来自欧洲、亚洲、美洲、非洲等 9 个不同国家。然而，这 9 位秘书长中并没有中国人。这是因为联合国秘书长的选举有着严格的规定和惯例。为了确保联合国秘书长的公正性和中立性，五大常任理事国（中国、美国、俄罗斯、英国、法国）之间形成了一种默契（qì），即不参与秘书长的竞选。这是因为五大常任理事国在联合国中拥有一票否决权，如果其中任何一个国家的人担任秘书长，可能会导致其他国家对联合国秘书长履职的公正性产生怀疑。因此，中国作为联合国五大常任理事国之一，始终遵守这一默契。

历任联合国秘书长为什么没有中国人？

中国是五大常任理事国之一，为了避嫌才不参与秘书长竞选！

医生的职业有多古老?

你以后想做什么工作呢?

我的梦想是当一位医生。

"医生""大夫"的称呼是怎么来的?

　　早在周朝时期,古人就设置了执掌医务的官职——医师。到了唐朝时期,朝廷又专门设立了教授医术的学校,在此学习医术的人都被叫作医生。到了宋朝时期,最早的太医局出现了,太医就是专为帝王和宫廷官员们服务的医生,他们的官职从高到低分为大夫、郎、医效、祇(zhī)候等。后来,随着社会的发展,"医生"和"大夫"逐渐演化成了以治病为业的人的通称。

为什么用"杏林"来称赞医生的医术和医德?

　　在三国时期出现了三位杰出的医学家,他们分别是"医神"华佗、"医圣"张仲景和"医仙"董奉。董奉乐善好施、医术高明,为穷人治病时常常分文不取。每当有病人想要答谢他时,他都会让病人在山坡上种杏树,重疾痊(quán)愈者种五棵,轻疾痊愈者种一棵。年复一年,山坡上的杏树蔚然成林。后来,人们便用"杏林"来赞誉那些医术高明、医德高尚的医生。

杏林春暖

所有医生都要上手术台吗？

其实，医生各有所长、各有所专，并不是每个医生都要走进手术室为病人做手术。在今天，主要用手术治疗体内外疾病的医生被称为外科医生。除此之外，还有内科医生、心理医生、康复医师等，内科医生主要用药物来治疗内脏疾病；心理医生研究心理因素在疾病发生中的作用；康复医师可以帮助手术后的病人进行康复训练……

我好想当一名医生，可是我晕针怎么办？

你可以当心理医生哦！

"无国界医生"是干什么的？

"无国界医生"是一个成立于 20 世纪下半叶的国际组织，其主要成员由来自世界各地的医生和护士组成。由于战乱、贫穷、传染病、自然灾害等原因，世界上仍有很多地方的病人得不到很好的治疗，因此"无国界医生"每年都会派遣医务人员到世界各地免费为那些需要帮助的人们提供治疗。

💡 你知道吗？

在古代，有些医生是没有固定的行医场所的，他们会背着药箱走街串巷，为生活贫困的百姓们解决疾病困扰。这些医生被称为走方郎中或江湖郎中。

醫

能治疗疑难杂症……

能不能治我的懒病？

成为一名**航天员**有多难？

航天员要经历怎样的特殊训练？

航天员是世界上风险最高、挑战最大的职业之一。为了实现"飞天梦"，每位航天员都需要经历严格的选拔、训练、评定和检查。

航天员的训练内容包括一般性训练、航天环境训练和模拟飞行训练。

一般性训练涉及理论知识、医学常识和救护技术、体育训练等；航天环境训练包括适应空中环境、失重与超重训练、应急救生训练等；模拟飞行训练是航天员在执行任务前要接受至少半年以上的具体任务训练，包括航天器总装、测试、火箭预射试验、模拟飞行、着陆、对接、出舱等综合演练。在模拟出舱训练中，航天员要身穿重达 100 多千克的训练服，在大约 10 米深的水下模拟出舱活动，一待就是六七个小时，期间既不能吃东西也不能上厕所，非常艰苦。

航天员有哪些工作？

航天员是驾驶航天器在地球大气层外执行太空研究和探险任务的专业人员。随着中国空间站的正式运营，我国的航天员一般以三人为一组在太空站驻留半年，期间承担着各种复杂的任务，如太空行走、设备维修、拍摄太空影像、做太空实验、整理物资等，甚至还要在太空种植蔬菜、锻炼身体和打扫卫生！另外，他们还需时刻警惕接近空间站的太空垃圾和其他航天器。在危机四伏的太空中，哪怕只是一个微小的裂缝，也可能让空间站遭受灭顶之灾。

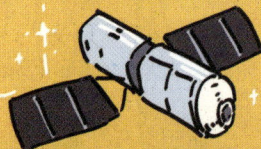

航天之旅并没有想象得那样浪漫

除了来自宇宙的直接威胁，如无处不在的辐射、行踪不定的太空垃圾、潜在的小行星撞击等，航天员还要面对更多的问题。他们在太空中生活的时间越长，患上"太空病"的风险就越高。长期处在狭小的、失重的空间里，可能会使人出现肌肉萎缩、骨质疏松等生理问题，同时心理上也可能出现抑郁症、睡眠障碍、"幽闭恐怖症"等问题。

了不起的中国航天员

杨利伟：中国首位进入太空的航天员。

刘　洋：中国首位进入太空的女航天员。

翟志刚：中国第一位进行出舱活动的航天员。

刘　旺：中国第一位完成手控交会对接的航天员。

王亚平：中国首位太空教师，为孩子们带来航天知识的启迪。

景海鹏：中国目前飞行次数（4次）最多、累计飞行时间最长的航天员。

你知道吗？

2013年，意大利宇航员卢卡·帕米塔诺在进行舱外活动时，航天服突然出现故障，大量冷水一下子灌满了他的头盔。他瞬间感觉自己的脑袋就像放进了"鱼缸"里，什么都听不见、什么都看不见了。然而，凭借着对返回舱门路线的深刻记忆和超乎寻常的毅力，在同伴卡赛迪的帮助下，他成功地摸索回太空舱并最终获救。

潜水员在水下都要做些什么？

怎样成为一名潜水员？

潜水员，是使用潜水装备从事水下工作的专业人员。在我国，根据所使用的潜水装备不同，潜水员被分成三类：空气潜水员、混合气潜水员和饱和潜水员。不管你想要成为哪一种潜水员，都需要拥有健康灵活的身体、良好的心理素质，并通过严格的训练和考试，才能如愿以偿。

我想当潜水员！

先学会游泳再说吧！

潜水员会遇到危险吗？

虽然大家觉得潜水员超酷，能近距离地欣赏美丽的珊瑚、神秘的海底山脉和峡谷，与有趣的海洋动物亲密接触，但其实这个职业充满了危险、孤独和伤病。工作时稍有不慎，潜水员就会患上可怕的"减压病"，导致关节疼痛、皮肤瘙（sào）痒、呼吸困难、全身无力等，严重者甚至会突然瘫（tān）痪（huàn）和死亡。此外，在深潜时，氧气过量还容易导致人体中毒，氧气过少则会让人窒息……这些都是潜水员在水下工作中会遇到的危险。

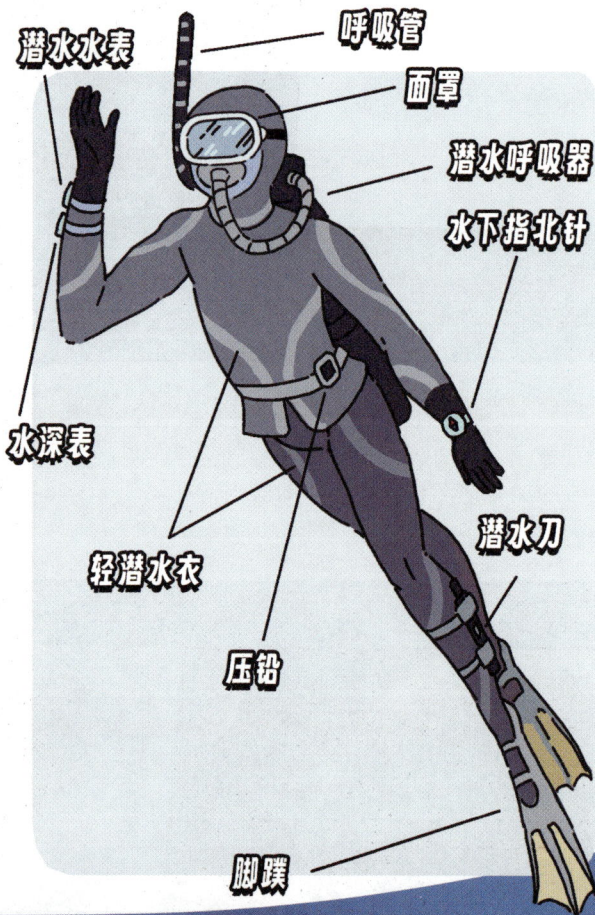

潜水水表
呼吸管
面罩
潜水呼吸器
水下指北针
水深表
潜水刀
轻潜水衣
压铅
脚蹼

自携式潜水装具

水下考古的守护者

如今，我们可以运用许多科学设备进行水下考古，比如水下机器人。然而，有些文物既脆弱，又藏得隐蔽，稍有不慎就会使它的研究价值大打折扣，这个时候就需要潜水员登场啦！尤其在发掘古代沉船时，潜水员的作用就更大了！通常情况下，他们得先找到沉船大概的位置，然后潜下去，把船里的泥沙清除干净，再仔细测绘船体，并发掘出文物。当然，这个过程也充满了危险，潜水员可能会被有毒的水母蜇（zhē）伤、被渔民布置的渔网缠住或者被生锈的铁片割伤……

肩负深海救援任务

有些潜水员担负着深海救援任务，他们经常要冒着生命危险，下潜到 100 米、200 米甚至 300 米深的水下，去搜寻海难中失踪的人，打捞沉船及遇难者的遗体等。有时候，因为水体非常浑浊，他们只能在水底的淤（yū）泥里摸索前行，用手触摸周围的物体来辨认。

大作家也会遭遇人生的尴尬吗？

你在干什么？

我要写书当作家！

收到退稿信

作家这一称谓既指以写作为生的职业者，也指在文学创作上取得卓越成就的人。有时候，即便是才华横溢的大文豪，也难逃收到退稿信的尴尬。马塞尔·普鲁斯特，这位 20 世纪的法国文学巨匠，他的杰作《追忆似水年华》曾遭遇出版社的婉拒，编辑觉得它的内容太过冗长，甚至半开玩笑地表达了对这部作品的"感激之情"——因为它治好了自己多年的失眠症！

俗话说："是金子总会发光。"后来，马塞尔·普鲁斯特凭借着不懈的努力和坚持，最终成为 20 世纪法国最伟大的小说家之一。《追忆似水年华》更是在 1919 年荣获法国龚（gōng）古尔文学奖，成为世界文学的璀璨（càn）瑰宝。

退稿信

尊敬的马塞尔·普鲁斯特先生：
感谢您的《追忆似水年华》治好了我多年的失眠症，但是很遗憾，这部作品暂时不能出版……

去世后才名声大噪

如果说凡·高是死后才声名大噪的艺术家，那么在文学世界里，这位法国文学巨匠司汤达绝对能与之相提并论。司汤达曾在拿破仑的军队中服过兵役，但他的内心却充满着文学创作的激情。生前，他创作了大量的作品，但多数被尘封在角落，鲜为人知，出版的作品寥（liáo）寥无几，能卖出去的更是少之又少。

然而，就在他离世后，一切都开始发生了变化。司汤达的名字开始在文学界流传开来，作品开始受到大众的普遍关注。尤其是那部《红与黑》，被誉为法国批判现实主义文学的里程碑之作，赢得了无数读者的喜爱。

司汤达画像

穷得快吃不上饭了

你读过被誉为"中国志怪小说之巅峰"的《聊斋志异》吗？它的作者蒲松龄在创作这部作品时，遇到的最大困扰竟然不是"没有灵感"，而是生活的窘（jiǒng）迫。据说，他还特意写了一封抱怨信："你看看，我包里没有一点值钱的东西，口袋里没有一文钱，我马上就要吃不上饭了，我把衣服都快典当光了……"

然而，正是这份生活的窘迫，赋予了蒲松龄对世间百态的敏锐洞察与深切体会。他将这份深刻的体悟倾注于笔端，创作出了一个个光怪陆离而又深刻反映人性的故事。

蒲松龄雕像

与诺贝尔文学奖无缘的作家们

对于作家来说，能获得诺贝尔文学奖是一种莫大的荣耀。然而，有些作家尽管备受瞩目，其作品呼声很高，却始终未能摘得这一桂冠，日本当代作家村上春树便是运气最差的作家之一。其实，历史上还有许多才华横溢的作家与诺贝尔文学奖失之交臂，如列夫·托尔斯泰、高尔基、卡夫卡、契诃（hē）夫、米兰·昆德拉等。这些作家尽管未能获奖，但他们的作品却影响了一代又一代读者，成为文学史上浓墨重彩的存在。

唉，个个都是文学大师，就是运气差了点！

自由职业真的自由吗？

自由职业没人管着真好啊！

你得自己管好自己！

谁是自由职业者？

许多人误以为自由职业者等同于无业者，但实际上，自由职业者存在于各个领域。他们可能是才华横溢的艺术家、作家、作曲家、设计师、摄影师、剪辑师、插画师、歌手、演员、软件工程师等。尽管自由职业者没有固定的雇主，但他们能够凭借专业技能为他人提供服务来获得报酬。

做自由职业很难吗？

选择成为一名自由职业者，意味着你可以灵活地安排工作，不再受工作时间和工作场所的限制。不过，在享受这份自由的同时，你也要面临各种各样的挑战。比如，你可能没有稳定的收入；你的家人可能无法理解你；你的社交可能受限；你的才华可能在短时间内很难获得别人的认可；你需要强大的自我管理能力，才能保持高效的工作状态；你要考虑如何保障自己的各种保险和社会福利……

自由职业需要自我约束！

自由职业让我实现睡眠自由……

醒醒，该工作了！

什么人适合做自由职业？

想要成为一名优秀的自由职业者，首先，你得精通某些领域的知识，确保在激烈的竞争中脱颖而出；其次，你还得有非常明确且坚定的工作目标，学会为自己的未来做规划；除此之外，自制力和意志力也十分重要，你得不断学习新的技术和理论，从失败中汲（jí）取经验，确保自己不偷懒、不浪费时间。

古代也有自由职业吗？

在古代中国，可没有现代意义上的自由职业者的概念，不过有一些人却从事着类似自由职业的工作。比如在宋朝时期，有一些所谓的"闲人"常常会被一些有钱有势的人临时"招入帐下"，用以装点门面、差遣办事、陪主人消遣作乐。当然啦，想要成为这样的"闲人"并不容易！南宋文学家吴自牧在《梦粱录》中提到，"闲人"要会讲古论今、吟诗和曲、下棋抚琴、投壶打马、书法绘画……看来不管在什么年代，若想从事"自由职业"，没有真本事还真不行！

我会讲古论今、吟诗和曲、下棋抚琴、投壶打马、书法绘画……

💡 你知道吗？

随着社会的发展，我们的身边出现了越来越多的自由职业，比如玩具修补师、宠物殡葬师、收纳整理师、旧物改造师、"博主"、调饮师、试睡员，等等。你还能说出一些比较特别的自由职业吗？

精通外语就能当翻译吗？

翻译是一门语言艺术

翻译，是将一种语言巧妙地转化为另一种语言的艺术。一名优秀的翻译工作者，不仅需要具备扎实的语言基础，还需要敏锐的文化洞察力。根据服务形式的不同，翻译可分为口译和笔译两类。口译，是指口头翻译；笔译，则是通过文字进行翻译。

口译员——国际谈判中的"传声筒"

在国际谈判和大型会议等正式场合，口译员扮演着至关重要的角色。他们承担着快速、准确地传递双方意思的任务，以确保交流的顺利进行。为了胜任这一工作，口译员不仅需要具备扎实的语言基础，还需要对语言背后的文化背景有着深入的了解。

此外，高度的语言敏感度和良好的表达能力也是口译员必备的素质。在遇到方言、俗语时，他们需要迅速捕捉到对方的"弦外之音"，并将其准确地传达出来。同时，面对各种突发情况，口译员还需要临危不乱、反应机敏，确保交流的顺畅进行。

翻译家——文学世界的"摆渡人"

翻译家是文学世界的桥梁，他们将外国优秀的文学作品引入国内，帮助读者跨越语言和文化的障碍，深入了解异国风情。作为翻译家，他们需要具备深厚的语言功底和敏锐的文化意识，以确保原文的含义被准确、恰当地传达出来。在中国，有许多杰出的翻译家，如钱锺书、杨绛（jiàng）、傅雷、梁实秋、郭沫若等，他们为中国的读者打开了一扇扇通往外国文学的大门，让我们能够领略到外国文学的内涵和魅力。

中国翻译界的"金科玉律"

清朝末期，我国有一位著名的思想家叫严复，他在《天演论》中提到，翻译有三个原则：信、达、雅。

"信"，指的是译文要忠于原文，能够准确恰当地表达出原作者的所思所想。

"达"，指的是译文要字句通顺、没有语病，符合汉语的语法及用语习惯。

"雅"，指的是译文要优美高雅、生动形象，使人们在阅读时能感到身心愉悦。

此后，在一百多年间，"信、达、雅"一直被奉为中国翻译界的"金科玉律"。

翻译，信、达、雅，缺一不可。

"心有猛虎，细嗅蔷薇"如果被直译……

英国诗人西格夫里·萨松曾写下名句："In me the tiger sniffs the rose." 如果直白地翻译这句话，那就是：在我的心中有一只老虎在闻玫瑰。然而，著名作家余光中却将其翻译为"心有猛虎，细嗅蔷薇"，以四言对仗的格式和朗朗上口的韵律，彰显了中国人的诗意与浪漫。这句翻译，是体现"信、达、雅"的最好范例之一。

入殓师是一个悲伤的职业吗？

金缕玉衣

入殓师是一份值得尊敬的职业！

是的！

穿上金缕玉衣，我就能死而复生了！

别做梦了！

古人为什么重视葬礼？

在古代，有些人相信人的灵魂是不灭的，他们希望通过带有神秘色彩的葬礼，帮助逝去的人获得安息、转生世间，同时借此表达对逝去亲人的哀思与怀念。

通常，一个人的地位越尊贵，他的葬礼就越盛大。古代葬礼一般分为三个部分：一是入殓（liàn），即把逝者装进棺材；二是出殡（bìn），即把棺材送到墓地或寄放的地点；三是下葬，即掩埋棺材。我们今天看到的很多文物，其实都是古人的陪葬品，比如金缕玉衣，便是中山王刘胜的殓衣。

现代社会为什么需要入殓师？

到了现代社会，尽管人们已经不再迷信鬼神之说，但仍十分重视葬礼。因此，殡仪馆这一专门负责办理丧事的机构应运而生。在殡仪馆，入殓师会细致地为逝者整理遗容、化妆、修整遗体，并为其换上整洁的衣服，再将遗体纳入棺中，让逝者有尊严地告别这个世界。这一过程不仅体现了对逝者的尊重，同时也弥补了逝者亲友的遗憾，使他们在悲伤中得到慰藉。

入殓师要面对哪些挑战？

　　由于特殊的工作环境，入殓师要面临许多挑战。比如，因为保存遗体的地方温度很低，入殓师在这种环境中工作，很容易患上关节炎。如果处理遗体时，入殓师一不小心受了伤，还可能感染致命的病菌。有时候入殓师还要亲自奔赴重大事故现场，连续工作数个小时，为逝者逐一缝合伤口、填补缺失、清洗化妆等。此外，入殓师还需面对外界对这一职业的偏见和家人朋友的不理解。最后，他们还需具备同理心，为逝者和家属提供安慰和支持……

入殓师的职业太伟大了！

是啊，他们为那些逝去的生命画上了完美的句号。

我很喜欢入殓师这份工作，但是很多人对它存有偏见……

你给了逝者最后的关爱和尊重，你应该为自己感到骄傲！

💡 你知道吗？

　　因为入殓师经常直面死亡，很多人认为这个职业晦（huì）气、不吉利、不干净，所以不愿意和他们握手、交换名片，甚至不与他们往来。这些偏见不仅深深伤害了入殓师，也使更多的人对这个职业产生了误解。职业并没有高低贵贱之分，勤勤恳恳、尽职尽责的人都应该得到尊重。

为什么**农民**是我们的"**衣食父母**"？

谁知盘中餐？

粒粒皆辛苦！

古代农民是怎样生活的？

农民，就是以务农为业的人。在封建社会，农民主要以家庭为单位从事生产活动，并根据农作物的生长周期来安排劳作。为了满足家庭需求和减少开支，他们不仅种植稻谷、果蔬，还从事织布、狩猎、打鱼、做买卖、饲养家禽和家畜（chù）等。这一时期，农业是国家财政收入的主要来源，农民既要承担沉重的赋税，还要为统治者提供劳役，如参加开河挖渠、铺路筑城以及建造宫殿和陵寝等工程。由于这些沉重的负担，他们的生活过得非常艰辛。

现代农民都在做什么呢？

在现代社会，农民把农业生产当成一种经营活动，而不再单纯为了自给自足。他们种植粮食、水果、蔬菜、棉花、苎（zhù）麻、树木、花卉（huì）、药材、香料等，养殖家禽、家畜、水产，并将这些产品推向市场，供顾客挑选购买。为了提高工作效率和产品质量，农民愿意投入大量的资金，购买优良的种子，聘请技术人员，并使用各种农业机械。此外，许多农民还在务农之余办起了"农家乐""采摘园"，吸引城市里的人们体验农村生活、贴近大自然。

"新农人"用上了高科技

　　"新农人"，简单来说就是新时代的农民。他们积极拥抱新知识、新技术，运用科技力量改变以往农民艰辛贫苦的生活。比如，一些"新农人"使用上了无人机，这种新科技可以高效率地播种、施肥、除草，甚至收割成熟的庄稼。随着互联网的发展，不少"新农人"乘上了"直播带货"的快车，他们不仅将产品卖到了世界各地，还带动乡亲们一起致富……

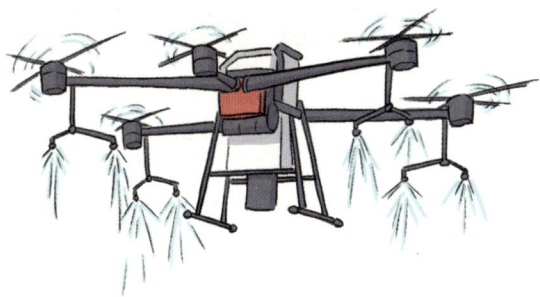

💡 你知道吗？

　　哈尼族曾世代以农耕为业。从很久以前，为了合理使用水源，他们便沿山坡开辟出如楼梯般、一级比一级高的梯田。每一层梯田的边缘都筑有埂（gěng）堰（yàn），既能够保持水分、防止水土流失，又能保肥。据说，凡有哈尼族居住的地方，就有哈尼族开垦的梯田。

留点力气干活吧！

啊——

"拆弹专家"的工作有多危险?

只有最勇敢的人才能胜任

在影视剧中,我们时常能见到这样的情节:面对可怕的爆炸物时,排爆警察会挺身而出,将爆炸物的红线或者蓝线剪断,危险就顺利解除了。而实际上,处理爆炸物远比这要复杂和危险得多。为了最大限度地减少伤亡,排爆警察需要根据不同爆炸物的外观和特点,采取不同的处置方法。在很多突发现场,他们必须全副武装,顶着巨大的心理压力,长时间、近距离地接触爆炸物。当然,即使身着厚重的防护服,他们也有可能受伤,甚至牺牲。

这里有地雷!

我去找拆弹专家……

太危险了!

随时与"死神"交锋

在执行任务时,排爆警察时刻都要做好与"死神"交锋的准备,因为爆炸会对人体造成难以想象的伤害。爆炸产生的冲击波能导致肺部出血、脑震荡、鼓膜破裂、粉碎性骨折,甚至肢体撕裂;爆炸释放的热量会灼伤皮肤和呼吸道;爆炸物的碎片能击穿人体,造成失血性休克……为了抵御这些伤害,排爆警察需要穿戴重约26千克的爆炸防护服。

💡 你知道吗?

随着科学技术的发展,科学家发明了排爆机器人。操作手可以站在安全区内,遥控排爆机器人向爆炸物靠近,并将其运送到目标区域引爆。不过,面对一些复杂的环境,排爆机器人有时仍显得能力不足,这时依然需要排爆警察亲自上阵。

爆炸防护服有多特殊？

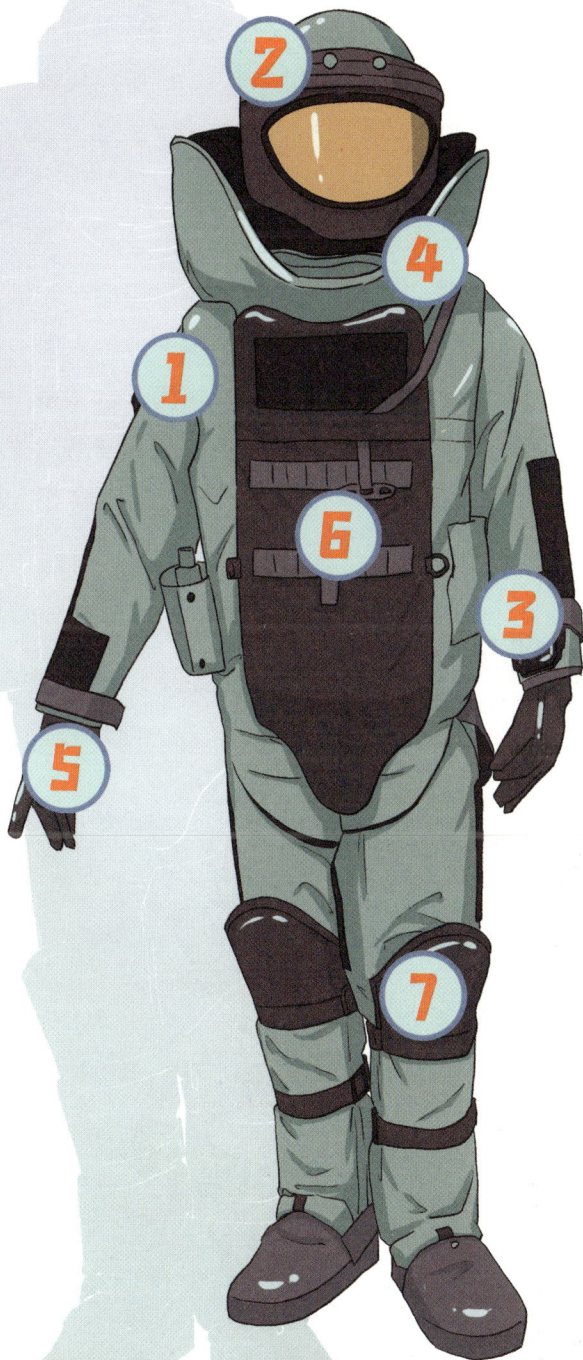

1. 材质

爆炸防护服主要由坚固的凯芙拉纤维制造而成，这种材质的抗拉强度是同等质量钢材的 5 倍。

2. 头盔

头盔重约 7 千克，能够有效保护人的头部不被爆炸物的碎片击伤。

3. 数字化设备

通过手腕上的数字化设备，排爆警察可以与指挥中心保持通信。现在，有些先进设备甚至可以监测人的心率、呼吸和体温，并向远处的指挥人员发出预警。

4. 衣领

夸张的衣领像城墙一样完全包裹住了人的颈部。在发生爆炸时，它可以保护人的脊椎不受冲击伤害。

5. 手套

手套可以保护手部免受物理、化学或生物性伤害。为了更精确、更灵活地操作，排爆警察在特定情况下可能需要徒手接触爆炸物，但这需要严格遵守安全规范。

6. 胸甲

胸前绑有一块特制的防弹板，它既可以抵挡爆炸物的碎片，也能吸收并分散爆炸产生的冲击波。

7. 护膝

因为排爆警察经常需要穿着沉重的防护服，长时间地趴或跪在地上操作，所以柔软耐磨的护膝是必不可少的。

"美味化学家"在研究什么？

对于人类而言，食物不仅是维持生命的必需品，其制作过程更是一门充满创造性的艺术。为了能随时享受到丰富多样的味道，人类发明了调味剂。这些调味剂，作为改善食物味道的食品添加剂，只需一滴或少许，便能令同一种食材展现出不同的风味。不过，想研究出一种美味又安全的调味剂可不容易。研发调味剂的化学家不仅要发挥自己的想象力和创造力，还要对美食充满热爱，愿意花大量的时间在实验室里反复试验。

创造出"大自然"的味道

你吃过香芋味的面包或者冰激凌吗？其实，"香芋味"既不来自香芋，也不来自芋头和紫薯，而是一种人工合成的味道。同样，泡泡糖的各种水果口味也并非源自某一种天然食材，而是由化学家调配而成的，里面混合了多种水果和香料的味道。因此，"美味化学家"不仅要还原大自然原有的味道，还要不断研发和创造出全新的风味，为我们的味蕾带来前所未有的惊喜和享受。

你吃过什么古怪的味道？

香菜味。

如何制作一种调味剂？

首先，选择一些合适的原料，比如药材、香料、水果、蔬菜等；然后，将这些原料转化成液体，再放进一台名叫气相色谱仪的机器中；之后，随着机器运转，我们就能在电子屏幕上看到它们的味道来自哪些化合物；最后，按照这个原始配方，通过反复试验来调整不同成分的比例，直至找到最佳的组合，最终研发出美味又安全的调味剂。虽然很多人认为人工合成的调味剂是不健康、不安全的，但实际上，任何一种调味剂在被允许添加进食物之前，都需要经过大量的安全测试！

为什么很难还原草莓的真实味道？

你或许不知道，你吃过的草莓味食品，可能并不是纯正的草莓的味道哦！这是因为草莓的味道会随着果实的成熟度变化，由苦和酸变成甜，且越来越甜。然而，每当化学家将赋予草莓味道的化合物分离出来时，它们就会迅速分解、消失不见。因此，现在大家普遍认为，人工合成的"草莓味"离真实的草莓味还有一段距离。

怎样才能复制出真实的草莓味呢？

几乎不可能实现！

💡 你知道吗？

厨房里最常见的味精，是一种可以提鲜的调味剂，关于它的安全性一直备受关注。然而，联合国粮农组织和世界卫生组织的研究认为，味精作为风味增强剂是安全的，每日允许摄入的量无须特别规定。

海难时，船长可以弃船逃生吗？

船长肩负什么责任？

船长是一艘轮船的最高管理者和指挥者。在海上航行时，船舶可能会遇到各种突发状况，如发生故障、遇上海盗、遭遇风暴和暗礁（jiāo）等，船长需要冷静判断眼前的情势，果断采取有效措施，尽最大努力保护船上人员和财产的安全。如果船长在航行过程中不幸去世或因故无法履行职责，应当由驾驶员中职务最高的人代理船长一职。

当船长的感觉太酷了！

怎样才能成为船长？

想要成为一名杰出的船长，首先你需要具备丰富的航海知识和卓越的领导能力。目前，我国有几所大学开设了航海类专业，提供了航海学、航海气象与海洋学、船舶结构与设备、船舶操纵、航海仪器、船舶值班与避碰等课程。当然，光会纸上谈兵可不行，你还需要在船舶上工作一定的时间，积累足够的航行经验。通过这样的实践经验，你才有机会参加专业考试和培训。最后，当你通过考试并拿到船长执业证书后，就可以去船舶管理公司应聘船长职位啦！

你知道吗？

1852年2月，英国"伯根黑德号"在南非开普海岸触礁，当时仅有3艘救生船，无法装下所有人。于是，在船长萨尔蒙德的带领下，船员们毅然将逃生的机会优先让给了妇女和儿童。最终，船上642人，仅有193人生还，包括船长萨尔蒙德在内的所有高级船员全部遇难。

海难时，船长必须最后逃生吗？

　　一旦发现船快要沉没，船长作为整艘船的最高负责人，需要立即发出弃船指令，组织在船人员有序撤离，并优先安排老弱病残和妇女儿童乘坐救生艇，以保证他们的生命安全。同时，船长还要指挥船员们尽力抢救重要的航海记录，包括航海日志、机舱日志、油类记录簿、无线电台日志、本航次使用过的航行图和文件等。此外，也要确保贵重物品、邮件和现金得到妥善处理。

　　现在，很多国家都将"弃船时，船长应当最后离开"这一要求写进了法律。这不仅出于人道主义，还因为船长是最熟悉船舶情况的人。

把救生艇让给女人和孩子！所有人都需要穿上救生衣。

法官这个职业有多神圣？

法官在哪里工作？

在我国，法官就是依法承担审判工作的人，包括各级法院的院长、副院长、审判委员会委员、庭长、副庭长、审判员和助理审判员，他们肩负着国家赋予的重要使命。为了更好地服务人民，法官们不仅会在法院工作，还会到偏远的地方去。有时候，他们甚至会用简单的桌子和板凳组成临时法庭，帮助当地的人们解决纠纷。不管在哪里，法官都有责任查清每个案件的事实，保护人民的合法权益，严惩犯罪分子，维护社会的公平与正义。

我想当法官！

等你把这摞法律书学完再说！

法律面前，人人平等！

天网恢恢，疏而不漏！

咦？法官不是在法院工作吗？怎么还往偏远地区跑！

怎样成为一名合格的法官？

首先，得通过极其严苛的国家法律职业资格考试，拿到法律职业资格证书。这个证书是从事法律工作的"金钥匙"。持有这张证书，才能报名参加与法律相关的公务员考试。通过公务员考试后，才有机会进入法院，接受进一步的培训与考核，最终成为一名法官。

法律的"保护神"

想要成为一名合格的法官，不仅要读"万卷书"，掌握丰富的法律知识，还必须坚守法律的底线，做法律的坚定捍卫者。在法庭上，法官必须保持公正无私，不受任何外界因素的干扰，用平和冷静的态度去对待每一位当事人，严格以法律为准绳，公正地审判每一个案件。

我们是法律的"保护神"！

英国法官要戴假发吗？

你见过影视剧中英国法官在出庭时戴的白色大卷发吗？这些假发大多由白色马鬃（zōng）编制而成，而且造价不菲。一顶假发往往会伴随一位法官的整个职业生涯。

据说，这项传统起源于中世纪，当时英国人普遍认为，一个法官佩戴的假发越脏、越旧，便意味着他在法律行业的资历越深、经验越丰富、地位越高。不过，也有学者提出，佩戴假发实际上是为了维护法官的尊严，因为在当时，从事法官工作的人，很多都是秃顶。

我的假发有多旧，我的资历就有多深！

📖 知识加油站

普通公民也能参与庭审吗？是的！在我国，只要年满 28 周岁的公民，都有可能被选为人民陪审员。这些陪审员通常从辖区内的常驻居民名单中随机抽取并成为候选人，通过资格审查并得到本人许可后产生，定期到人民法院参与审判工作。在庭审期间，人民陪审员与审判员享有同等的权利，他们可以参与所审理案件的全部审判活动，并按照少数服从多数的原则，共同作出判决或裁定。

外交官都做些什么?

请问您对此有什么看法?

我认为……

外交是场没有硝烟的战争

外交活动是国际关系的重要组成部分,通过访问、谈判、交涉、缔结条约、发出外交文件、参加国际会议和国际组织等方式,国家间得以处理各种复杂问题。同军人一样,外交官肩负着维护国家利益、捍卫民族尊严的神圣使命。在复杂多变的国际形势中,外交官枕戈(gē)待旦,时刻准备着为祖国发声,而语言和文字就是他们用来表达立场、寻求合作、应对各种挑战的强大武器。

"外交降级"是怎么回事?

在国际新闻报道中,我们常能听到"外交降级"的说法。这是什么意思呢?在处理国际事务过程中,一个国家通常会向其他国家派遣常驻外交代表。这些代表通常在大使馆或领事馆中工作。一般来说,外交代表的等级从上到下分为:特命全权大使、特命全权公使和代办。而"外交降级"不仅指外交代表的等级降低,更象征着两国间外交关系的严重倒退和紧张局势的加剧。

💡 你知道吗?

由于外交官的特殊身份,当两国关系紧张或出现纷争时,一方国家有时会将对方的外交官驱逐出境,以此来表达不满,向对方施压或发出警告。

古代也有外交官吗？

虽然"外交官"这个称谓是近代才有的，但纵观我国历史，有许许多多的杰出人物实际上扮演了外交官的角色，留下了如烛之武退秦师、晏（yàn）子使楚、张骞（qiān）出使西域、郑和下西洋等千古美谈。在古代，奉命出使其他国家的人被称为"使者""行人""使人"等。大约从周朝时期开始，"两国交战，不斩来使"便成了国与国之间约定俗成的礼节。

甘肃阳关博物馆前的张骞铜像

筹办国宴也是外交部的事？

一个国家在接待外国领导人的国事访问时，通常会举办一场盛大的国宴。国宴作为国家规格最高的宴请，既要选择能代表本国饮食文化与民风的美食，还要尊重贵宾所在民族的饮食习惯。

那么，谁来负责筹办这场国宴呢？当然是外交部了。在我们眼中，外交官能言善辩，经常要在各种国际场合上"舌战群雄"，但这只是他们职责的一部分。实际上，他们还承担着礼宾接待、文书翻译和新闻发布等重要职责。

怎样成为一名超酷的飞行员？

你的身高不达标哦！

我想当飞行员。

严苛的体格检查

想成为一名飞行员，可不是一件容易的事。首先，必须拥有强健的体魄和出色的飞行耐力，通过极其严格的医学选拔与体检。医务人员会依据相关方法和标准，对飞行员进行全方位的医学检查，包括外科、内科、神经精神科、眼科、耳鼻喉科等。此外，还需接受一些特定项目的检查，如离心机试验、低压舱试验等。当然，仅有强健的身体是不够的，飞行员还需具备敏捷的思维、超强的学习能力、出色的应变能力以及冷静果敢的性格等。

学习理论知识

飞行训练的理论教育部分可谓是飞行员的"知识武装库"，其中涵盖空气动力学、空中领航学、空中射击学等多个学科，让飞行员们了解飞机的工作原理、性能以及特殊情况下的处置方法。此外，作战方针、战术原则等也是必不可少的内容，让飞行员们了解如何在空中战场上灵活应对。

飞行训练

每一位飞行员都要经历驾驶技术训练、改装训练、战斗技术训练以及战术训练等。完成基础训练后，就可参加各种战术合练和演习了。一个能够初步执行作战任务的飞行员至少要经过两年的训练，个人飞行时间也需要达到 300 小时。当然，不同国家的训练期限和飞行时间可能会有所不同哦！

特技飞行有多酷？

特技飞行，就是飞行员展示超酷飞行技巧的表演，比如空中盘旋、俯冲、翻筋斗等各种炫酷动作。在特技飞行中，飞行员得时刻保持清醒，精确判断飞行状态，确保飞机按照预定的轨迹运动，避免失速或尾旋。有时，因为过载太大，飞行员可能会暂时失去部分视觉，所以他们得穿上特制的抗荷服来增强抗荷能力。

你知道吗？

每架飞机通常有两个超酷的"黑匣子"，也就是飞行记录器。"黑匣子"其实并不黑，反而常常涂着橙色等醒目的颜色。它能够详细记录飞行中的各种信息，包括飞机坠毁前的关键数据和飞行员与地面的交流对话，这些都能为后续的事故分析和维修工作提供重要的参考依据。"黑匣子"设计得异常坚固，即便飞机坠毁，它也能保护好内部记录的数据，哪怕是掉进大海里，它也能在30 天内持续发出信号，帮助人们定位并找到它。

飞行记录仪

"黑匣子"竟然不是黑色的！

听说它即使掉进大海，也能在 30 天内持续发出信号呢！

气象观测员是怎样预报天气的？

出门前你不是说今天是大晴天吗？

我……又不是气象观测员……

气象观测员平时都在做什么？

气象站，是进行气象观测的科学机构。它一般会建在空旷又平坦的地方，周围不能有高大的建筑或成片的建筑群，以免干扰气象数据的收集。

气象观测员们默默地坚守在这里，日复一日地对变幻莫测的大气展开研究，记录下宝贵的大气数据。为了方便人们的工作和生活，气象员们会定期发布天气预报，提前告诉大家天气的变化情况。如果监测到有台风、暴雨等极端天气要来，他们会迅速发出预警，这样，人们就可以及时采取措施，保护好自己和家园的安全。

放飞气球能预测天气？

气象气球，听起来是不是有点像科幻电影里的神秘道具？它可是气象观测员预测天气的得力能手呢！

气象气球是用一种特殊的合成橡胶做的，下面还挂着一个用来收集温度、湿度、气压、风速、风向等大气数据的探空仪。气球里面通常充的是氦气，因为氦气无色无味、不易液化、不易燃，使用起来特别安全。

气象站每天都会升放两次气象气球。每次升空后，气象气球都会带着探空仪在高空中飞行大约 2 个小时。在这段时间里，探空仪会迅速将收集到的第一手数据传回地面，供气象观测员研究分析。

气象观测员也会"开炮"吗?

虽然这听起来有些不可思议,但事实上,我国气象局不仅拥有雷达、火箭发射系统,还装备了约 7000 门高射炮。这高射炮听起来很威猛,可是你知道它们到底是干什么用的吗?

一、防冰雹:一旦天上出现可能形成冰雹的云团,这些高射炮就能派上用场,把冰雹消灭在萌芽状态。

二、化云为雨:也就是能让那些本来只是飘过不下雨的云团变成雨水,来滋润干旱的庄稼。

高射炮可不是随便就能发射的,在进行作业之前,气象观测员们需要得到相关部门的许可才行。

💡 你知道吗?

很久以前,人们就意识到气象会对战争的胜负产生重要影响,于是他们开始利用天然的气象条件或人为制造气象来制胜敌人。早在第二次世界大战中,"气象武器"就已成为战场上的隐秘力量。1943 年,美军用飞机在意大利的一条河边播撒了大量的造雾剂,人为制造出了一条浓雾带,从而帮助自己的士兵顺利渡河作战。

军人，担当着如山的使命

练出8块腹肌，我就去当兵！

保家卫国的使命

军人就是服兵役的人，他们肩负着"巩固国防，抵抗侵略，保卫祖国，保卫人民的和平劳动，参加国家建设事业"的光荣使命。曾几何时，列强用坚船利炮打开了近代中国的大门，肆无忌惮地掠夺我们的资源和领土，欺压我们的同胞。为了救亡图存，无数英雄儿女参军报国，用血肉之躯铸造了一道"钢铁长城"。

维护和平的坚强后盾

在我国的古代兵书中，有一句话是这样写的："国虽大，好战必亡；天下虽安，忘战必危。"它的意思是，喜欢发动战争的国家终会自取灭亡，没有忧患意识的国家必然陷入危险。面对风云变幻的国际形势，一个强大的国家一定要有一支强大的军队，才能避免战争，和平发展。

保家卫国的 6 大军种

我国目前主要有 6 个军种，包括陆军、海军、空军、火箭军、战略支援部队和联勤保障部队。

陆军，是在陆地上作战的军队，包括步兵、炮兵、装甲兵、工程兵、通信兵、防化兵等。

海军，是在海上作战的军队，包括潜艇部队、水面舰艇部队、航空兵、陆战队、岸防部队等。

空军，是在空中作战的军队，包括航空兵、空降兵、雷达兵、电子对抗部队等。

火箭军，主要任务是管理和使用导弹武器，实施核威慑和常规导弹打击。

战略支援部队，负责全国各地区的战略支援工作，提供战略支援、战略防守、战略保障等服务。

联勤保障部队，是多能型军队，承担物资供应、交通运输、工程建设、防疫等任务。

军人宣誓

在革命战争年代，很多部队都会在战前举行誓师大会，集体表达他们的战斗意志和决心。新中国成立后，每当新兵入伍时，部队都会进行誓词教育，并举行庄严的入伍宣誓仪式，以此强调军人的职责与荣誉。

💡 你知道吗？

在 2008 年汶（wèn）川大地震中，茂县作为震中地带，因道路严重受损与外界隔绝，地面救援部队难以抵达。为了开辟空中救援通道，15 名空降兵在缺乏气象资料、地面标识和指挥引导的情况下，毅然接受任务，冒着极大的生命危险，从约 5000 米的高空跳伞而下，带着生的希望"飞"向灾区。因此，这 15 位空降兵被尊称为"空降兵 15 勇士"。

哇，太伟大了！

在地质队工作是一种什么体验？

地质调查员就是"找矿的"吗？

地质调查员每年都有几个月甚至半年的时间在野外度过，有时候还要冒着生命危险，爬高山、渡大江，穿越偏僻（pì）荒凉的戈壁，深入人迹罕至的原始森林……由于他们的工作离我们的生活比较遥远，所以很多人误认为他们的工作就是寻找石油和贵金属。但实际上，地质调查员的工作范畴相当广泛，他们的研究对象涵盖了岩石、矿物、水文、天然气、化石、生态环境、自然灾害等众多领域。

这块岩石得有18亿岁了！

哇，地质调查员的工作太酷了！

地质锤

地质放大镜

地质罗盘

地质工作者的"三大件"

长久以来，地质锤、地质放大镜和地质罗盘被地质调查员亲切地称为"三大件"。对地质调查员而言，地质锤如同他们的"第三只手"，有了它，才能破碎岩石，取得新鲜的样本；地质放大镜则如同他们的"第三只眼"，帮助他们看到岩石的细微结构，从而鉴定岩石的矿物成分和结构；而在人烟稀少的野外，地质罗盘则是他们最可靠的向导，为他们指明方向。

如今，随着科技的进步，地质学者拥有了更多的"秘密武器"，比如 GPS 导航仪、卫星电话、照相机、平板电脑等。不过，"三大件"仍在他们的工作中占有不可撼（hàn）动的地位。

地质调查员要面临哪些挑战？

恶劣的工作环境：他们要常常深入偏远、荒凉、高温或严寒的地区，接受艰苦条件和极端气候的考验。

体力的大量消耗：他们要背负沉重的装备长时间徒步穿越崎岖地形，攀登陡峭山峰，划船穿越水域等，每一项活动都对地质调查员的体力提出了极高的要求。

迷路的风险：即使经验丰富的地质调查员，也可能因为复杂的地形、多变的天气、通信不佳等原因导致判断失误而迷路。

突发的自然灾害：在山区作业时，天气突变可能引发难以预测的洪水、泥石流等自然灾害。

物资短缺的困境：在野外调查时，队员携带的食物和水资源有限，特别是在迷路等特殊情况下，可能会陷入缺水缺粮的困境。

遭遇野生动物袭击：在野外工作中，地质调查员可能会遭遇毒蛇、野猪等野生动物的袭击。

先看我面临哪些挑战吧！

你的工作太有趣了，就是游山玩水嘛！

恶劣的环境
消耗大量体力
迷路风险
自然灾害
食物和水的短缺
野生动物的袭击
⋯⋯

💡 你知道吗？

地质调查工作充满了许多未知的危险，即使做了再多的准备，地质调查员有时也会陷入困境。2021年11月，4名地质调查员在云南哀牢山失踪，虽然搜救人员第一时间进行不分昼夜的搜寻，但依然没能等来生命的奇迹。而4名地质调查员遇难的原因，至今仍是个解不开的谜团。

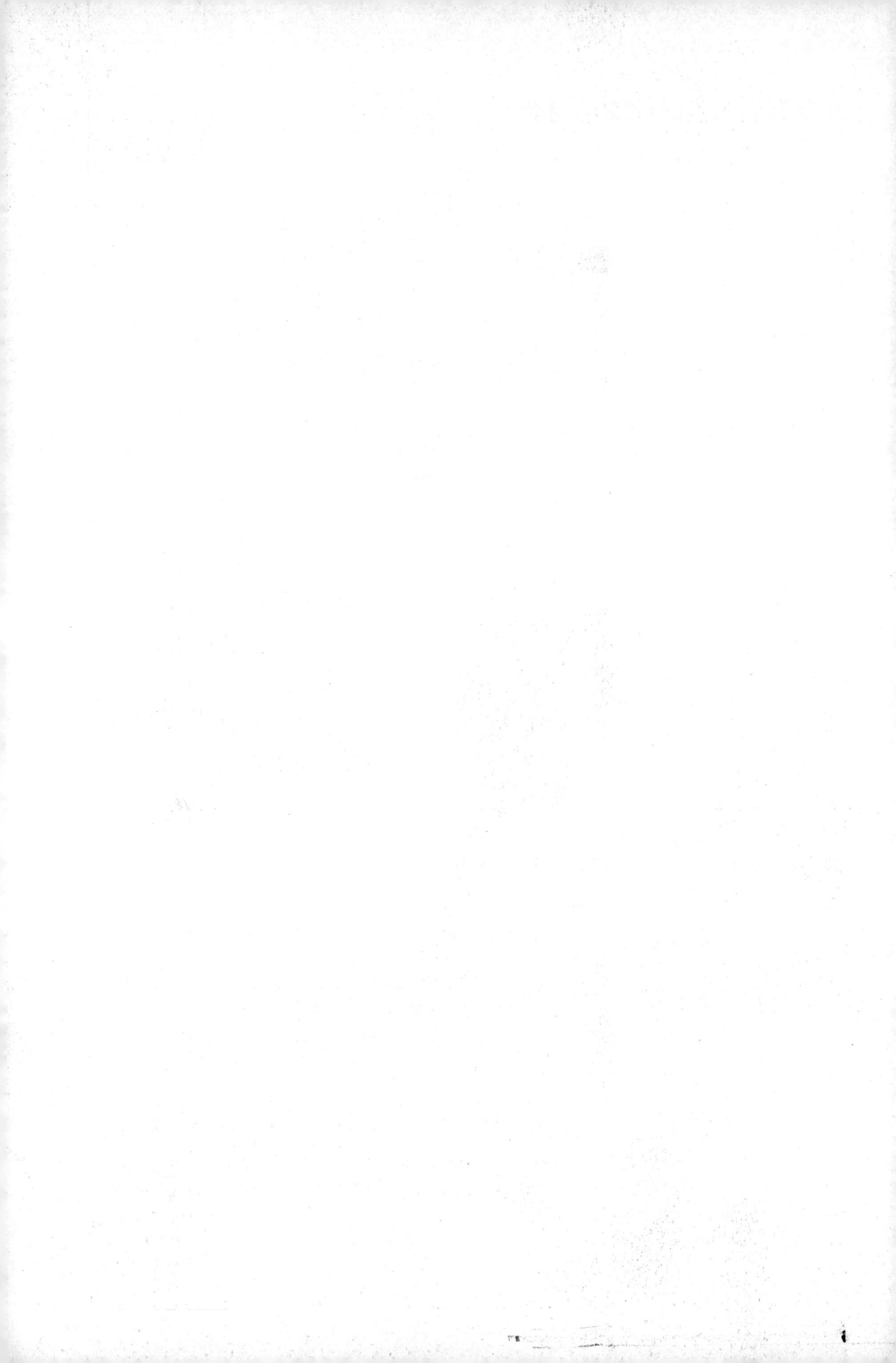